BilMoG

Die Bilanzrechtsreform im Überblick

Dr. Ingeborg Haas

2. Auflage

HAUFE.

Inhalt

Vorwort

Das Gesetz zur Modernisierung des Bilanzrechts (BilMoG) ist schon am 29.05.2009 in Kraft getreten. Da die meisten Vorschriften aber erst für Abschlüsse ab 2010 zwingend anzuwenden sind, hat der Gesetzgeber eine recht große „Schonfrist" eingeräumt, um sich mit den Vorschriften auseinanderzusetzen.

Nicht unerwähnt sollte aber auch bleiben, dass einzelne Vorschriften sogar rückwirkend ab 2008 angewandt werden konnten und bereits ab 2009 schon eine freiwillige Anwendung der Neuregelung möglich war.

Mit dem vorliegenden TaschenGuide erhalten Sie eine Übersicht über die wesentlichen Änderungen, die nun für die 2010er Abschlüsse zwingend zu berücksichtigen sind.

Um Ihnen die Möglichkeit zu geben, die jeweilige Änderung im Gesetzestext nachzuvollziehen, finden Sie im Anhang eine Gegenüberstellung der Altregelung mit der Neuregelung im HGB. Nutzen Sie dieses Instrument, dann wird sich manche Frage schnell beantworten lassen.

Mainz im Februar 2011 — Dr. Ingeborg Haas

Überblick

Das nachfolgende Kapitel verschafft Ihnen einen Überblick über die Ziele des BilMoG und die Frage, wer von den Änderungen betroffen ist, wie das Inkrafttreten der einzelnen Änderungen geregelt ist und welche praktischen Erfahrungen mit der Umsetzung bisher gemacht wurden.

In diesem Kapitel erfahren Sie,

- was die Ziele des BilMoG sind,
- wer von den Änderungen betroffen ist,
- wann die Einzelregelungen in Kraft getreten sind und
- wie die bisherigen praktischen Erfahrungen mit der Umsetzung des BilMoG aussehen.

Ziele des BilMoG

Ziel des Gesetzgebers mit der Modernisierung des Bilanzrechts ist es, Einzelunternehmen und den nicht kapitalmarktorientierten Konzernen – wie das Bundesjustizministerium es formuliert – eine „Antwort auf die International Financial Reporting Standards (IFRS) zu geben". Durch die Änderungen im Bereich der Bilanzierung sollen sich die wirtschaftlichen Verhältnisse der Unternehmen in den Abschlüssen nach deutschem HGB wieder mehr an der Realität ausrichten, als dies bisher der Fall war.

Der Gesetzgeber hat sich bewusst dagegen entschieden, die IFRS-Regeln „Eins zu Eins" in das deutsche Handelsrecht zu übernehmen. Es soll vielmehr eine eigenständige, kostengünstige und vor allem einfache Regelung geschaffen werden. Damit wird insbesondere den kleinen und mittelständischen Unternehmen nicht der volle Umfang der internationalen Rechnungslegungsstandards aufgebürdet.

Um diese Ziele zu erreichen, wurden einige Wahlrechte abgeschafft und verschiedene Ansatz- und Bewertungsvorschriften so geändert, dass sie näher an den Vorgaben sind, die für internationale Abschlüsse gelten. Diese einzelnen Änderungen werden in der Broschüre erläutert.

Im Ergebnis findet durch das BilMoG eine Anpassung der HGB-Regelungen für die Abschlusserstellung an die internationalen Standards statt, ohne aber für alle Unternehmen die komplexeren, umfangreicheren und damit auch teureren Bilanzierungsvorschriften nach dem IFRS zu übernehmen.

Wer ist von den Änderungen betroffen?

Die Änderungen betreffen jeden Kaufmann, ob sein Unternehmen „klein", „mittel" oder „groß" ist. Sie betreffen jede Person, die mit der Buchführung für einen Kaufmann betraut ist, da die Vielzahl der einzelnen Änderungen so groß ist, dass von vornherein für kein Unternehmen ausgeschlossen werden kann, dass nicht doch einzelne Vorschriften auf genau diesen Fall Anwendung finden.

Daher muss sich jeder, der mit der Erstellung oder dem Lesen von Abschlüssen in irgendeiner Form in Berührung kommt, mit dem Thema auseinandersetzen.

Inkrafttreten

Wie bereits im Vorwort dargestellt, traten die einzelnen Vorschriften zu unterschiedlichen Zeitpunkten in Kraft. Sie finden im Rahmen der Erläuterung der einzelnen Änderung jeweils präzise Hinweise darauf, wann die Vorschrift in Kraft getreten ist.

Praktische Erfahrungen mit der Umsetzung

Nach einer Umfrage der PricewaterhoseCoopers AG Wirtschaftsprüfungsgesellschaft (PwC) sind auch Anfang des Jahres 2011 die mittelständischen Unternehmen in Deutschland nicht ausreichend auf die Neuregelung durch das Bilanzrechtsmodernisierungsgesetz vorbereitet. Erst in jedem vierten Unternehmen ist die Anpassung erfolgt. Bei zwei von drei Befragten läuft die Umstellung, dagegen hat jeder zehnte Mittelständler noch nicht einmal mit der Umsetzung begonnen.

Nach dieser Untersuchung haben nur 39 Prozent der Unternehmen, die die Umsetzung der neuen Regelung im Jahresabschluss bereits durchgeführt haben, die Auswirkungen als „eher wesentlich" empfunden. (Status der BilMoG Umsetzung, www.pwc.de/de/rechnungslegung/bilmog-umsetzung-nicht-so-schlimm-wie-die-angst-davor.jhtml).

Die wesentlichen Änderungen im Jahresabschluss aufgrund des BilMoG werden nach dieser Untersuchung von 172 der 211 befragten Unternehmen im Bereich der allgemeinen Rückstellungen und bei den Pensionsrückstellungen erwartet.

Die wichtigsten Änderungen für den Einzelabschluss

Durch das BilMoG werden eine ganze Reihe von Änderungen, die den Einzelabschluss betreffen, in das HGB aufgenommen. Im folgenden Kapitel erfahren Sie, welches die wichtigsten Änderungen sind und welche Auswirkungen sie haben.

In diesem Kapitel lesen Sie, welche Änderungen es bei den

- Ansatzvorschriften,
- Bewertungsvorschriften
- und bei den Rechnungslegungsvorschriften gibt.

Ansatzvorschriften

Mit dem BilMoG werden verschiedene Ansatzvorschriften verändert bzw. bestehende Regelungen, die bisher nicht ausdrücklich im Gesetz standen, in das Handelsgesetzbuch aufgenommen. Nachfolgend werden die wesentlichen Neuerungen vorgestellt.

Abschaffung des Aktivierungsverbots für selbst erstellte immaterielle Vermögensgegenstände

Das bisher in § 248 Abs. 2 HGB enthaltene Verbot, selbst geschaffene immaterielle Vermögensgegenstände des Anlagevermögens zu aktivieren, wird aufgehoben. Nach der Neufassung **müssen** künftig die selbst geschaffenen immateriellen Vermögensgegenstände aktiviert werden, soweit sie einzeln verwertbar sind. Ausgenommen sind ausdrücklich nach § 248 Abs. 2 Satz 2 HGB:

- selbst geschaffene Marken,
- selbst geschaffene Drucktitel,
- selbst geschaffene Verlagsrechte,
- selbst geschaffene Kundenlisten oder
- vergleichbare immaterielle Vermögensgegenstände des Anlagevermögens.

Hinzu kommt, dass § 255 Abs. 2 Satz 4 HGB die Bilanzierung von Forschungs- und Vertriebskosten verbietet.

Aufgrund dieser Ausschlüsse ist die Aktivierung eines Geschäfts- oder Firmenwerts nicht möglich.

Die anzusetzenden Kosten sind die Herstellungskosten nach der Neufassung des § 255 Abs. 2a HGB. Es handelt sich hierbei um die bei der Entwicklung des selbst geschaffenen immateriellen Vermögensgegenstandes angefallenen Aufwendungen. Hier ist eine Abgrenzung der Entwicklungs- von den Forschungskosten erforderlich, da die Forschungskosten nach § 255 Abs. 2 Satz 4 HGB nicht einbezogen werden dürfen.

Entwicklung und Forschung

Entwicklung ist die Anwendung von Forschungsergebnissen oder von anderem Wissen für die Neuentwicklung von Gütern oder Verfahren oder die Weiterentwicklung von Gütern oder Verfahren mittels wesentlicher Änderungen.

Forschung ist die eigenständige und planmäßige Suche nach neuen wissenschaftlichen oder technischen Erkenntnissen oder Erfahrungen allgemeiner Art, über deren technische Verwertbarkeit und wirtschaftliche Erfolgsaussichten grundsätzlich keine Aussagen gemacht werden können.

Wenn die Forschungs- und Entwicklungskosten nicht voneinander abgegrenzt werden können, verbietet § 255 Abs. 2a Satz 4 HGB die Aktivierung vollständig.

Kommt es zu einer Aktivierung des selbst geschaffenen immateriellen Vermögensgegenstandes, wird dieser in einer gesonderten Bilanzposition ausgewiesen. § 266 Abs. 2 A.I.1 HGB sieht hier neu die Position der „selbst geschaffenen gewerblichen Schutzrechte und ähnlichen Rechte und Werte" vor.

Zu den erforderlichen Angaben im Anhang und Lagebericht sehen Sie die Darstellung im Kapitel über die wichtigsten Änderungen, die den Anhang und den Lagebericht betreffen.

Ab wann gilt diese Regelung?

Diese Regelungen sind nur auf die selbst geschaffenen immateriellen Vermögensgegenstände des Anlagevermögens anzuwenden, mit deren Entwicklung in Geschäftsjahren begonnen wird, die nach dem 31.12.2009 begonnen haben.

Geschäfts- und Firmenwert

Bisher durfte der Geschäfts- und Firmenwert, der entgeltlich erworben wurde, wahlweise

- sofort in voller Höhe als Aufwand verbucht werden,
- in den maximal vier Folgejahren gleichmäßig abgeschrieben werden oder
- planmäßig über die Geschäftsjahre verteilt werden, in denen er voraussichtlich genutzt wird.

Diese bisher in § 255 Abs. 4 HGB enthaltenen Aktivierungswahlrechte sind gestrichen worden.

Nach der Neuregelung in § 246 Abs. 1 Satz 4 HGB besteht nun eine Aktivierungspflicht für den **entgeltlich** erworbenen Geschäfts- und Firmenwert. Er gilt als zeitlich begrenzt nutzbarer Vermögensgegenstand. Mit der Aufhebung der Altfassung des § 255 Abs. 4 HGB sind damit die oben genannten

Abschreibungsmöglichkeiten entfallen. Für den entgeltlich erworbenen Firmenwert gilt künftig daher die übliche Bewertung:

- Beim Erwerb wird der entgeltlich erworbene Firmenwert nach § 253 Abs. 1 HGB mit den Anschaffungskosten bewertet. Diese sind der Unterschiedsbetrag, um den die für die Übernahme eines Unternehmens bewirkte Gegenleistung den Wert der einzelnen Vermögensgegenstände des Unternehmens abzüglich der Schulden im Zeitpunkt der Übernahme übersteigt.

Beispiel

Kaufpreis für ein Unternehmen: 1.000.000 €, Wert der einzelnen Vermögensgegenstände des Unternehmens 500.000 €, Schulden im Zeitpunkt der Übernahme 200.000 €

1.000.000 – 500.000 – 200.000 = 300.000 (Wert des entgeltlich erworbenen Geschäfts- oder Firmenwerts).

In der Folge finden Abschreibungen statt, die folgendermaßen ausgestaltet sein können:

- planmäßige Abschreibung über die voraussichtliche individuelle betriebliche Nutzungsdauer oder
- Abschreibung auf den niedrigeren beizulegenden Wert, wenn die Wertminderung von Dauer ist.

Nach der Neuregelung in § 285 Nr. 13 HGB muss im Anhang nachvollziehbar dargelegt werden, welches die Gründe dafür sind, die Nutzungsdauer bei mehr als fünf Jahren anzusetzen. Die steuerrechtlichen Abschreibungsmöglichkeiten spielen keine Rolle und können auch nicht als Begründung für eine Verlängerung der Nutzungsdauer herangezogen werden.

> Die steuerrechtlichen Abschreibungsmöglichkeiten spielen keine Rolle und können auch nicht als Begründung für eine Verlängerung der Nutzungsdauer herangezogen werden.

Ab wann gilt diese Regelung?

Anwendbar sind diese Ansatz- und Abschreibungsvorschriften nach Art. 66 Abs. 3 Satz 2 EGHGB erstmals auf Erwerbsvorgänge, die in Geschäftsjahren erfolgt sind, die nach dem 31.12.2009 beginnen. Für den selbst geschaffenen Firmenwert bleibt es beim Aktivierungsverbot, auch wenn, wie oben dargestellt, das Aktivierungsverbot für selbst erstellte immaterielle Vermögensgegenstände in einem großen Umfang aufgehoben wurde.

Rechnungsabgrenzungsposten

Die bisher in § 250 Abs. 1 enthaltene Möglichkeit, Rechnungsabgrenzungsposten zu bilden für

- als Aufwand berücksichtigte Zölle und Verbrauchssteuern, soweit sie auf am Abschlussstichtag auszuweisende Vermögensgegenstände des Vorratsvermögens entfallen oder
- als Aufwand berücksichtigte Umsatzsteuer auf am Abschlussstichtag auszuweisende oder von den Vorräten offen abzusetzende Anzahlungen

entfällt.

Da die Aktivierungspflicht in der Steuerbilanz nach § 5 Abs. 5 Satz 2 EStG beibehalten bleibt, ist das Handelsbilanzergebnis künftig niedriger als das Steuerbilanzergebnis, da in der Handelsbilanz der Aufwand sofort verrechnet wird. Die im Verhältnis zum handelsbilanziellen Ergebnis entstehenden Mehrsteuern sind künftig bei Kapitalgesellschaften durch die Bildung einer aktiven latenten Steuer nach § 274 Abs. 1 HGB auszuweisen. Sie sind unter D künftig nach § 266 Abs. 3 HGB in der Bilanz gesondert als „Aktive latente Steuern" auszuweisen.

Ab wann gilt diese Regelung?

Die Neuregelung ist erstmals auf den Jahresabschluss für das nach dem 31.12.2009 beginnende Geschäftsjahr anzuwenden.

Bestehende Rechnungsabgrenzungsposten können unter weiterer Anwendung der Altregelungen beibehalten werden (Art. 67 Abs. 3 Satz 1 EGHGB).

Rückstellungen

Im Bereich der Ansatzmöglichkeit von Aufwandsrückstellungen kommt es durch die Neuregelung zu Veränderungen. Einzelheiten ergeben sich aus der nachfolgenden Übersicht:

Rückstellungen gem. § 249 HGB für:		
	alt	**neu**
Ungewisse Verbindlichkeiten	§ 249 Abs. 1 Satz 1, 1. Alternative HGB	bleibt
Drohende Verluste aus schwebenden Geschäften	§ 249 Abs. 1 Satz 1, 2. Alternative HGB	bleibt
Unterlassene Instandhaltung	§ 249 Abs. 1 Satz 2 Nr. 1 HGB (Nachholung innerhalb von 3 Monaten): Pflicht	bleibt
	§ 249 Abs. 1 Satz 3 HGB (Nachholung innerhalb von 4–12 Monaten): Wahlrecht	entfällt
Unterlassene Abraumbeseitigung, die innerhalb von 3 Monaten nachgeholt wird	§ 249 Abs. 1 Satz 2 Nr. 1, 2. Alternative HGB	bleibt
Gewährleistung ohne rechtliche Verpflichtung	§ 249 Abs. 1 Nr. 2 HGB	bleibt
Aufwandsrückstellung	Wahlrecht gem. § 249 Abs. 2 HGB	entfällt

Ab wann gilt diese Regelung?

§ 249 HGB in der bisher gültigen Fassung war letztmals auf Abschlüsse für das vor dem 01.01.2010 beginnende Geschäftsjahr anzuwenden.

Saldierungsverbot

Mit der Neuregelung in § 246 Abs. 2 Satz 2 HGB wird das in § 246 Abs. 2 Satz 1 HGB enthaltene Saldierungsverbot durchbrochen. Danach dürfen Posten der Aktivseite nicht mit Posten der Passivseite, Aufwendungen nicht mit Erträgen und Grundstücksrechte nicht mit Grundstückslasten verrechnet werden.

Die Neuregelung sieht dagegen vor, dass Vermögensgegenstände,

- die dem Zugriff aller übrigen Gläubiger entzogen sind und
- ausschließlich der Erfüllung von Schulden aus Altersversorgungsverpflichtungen oder vergleichbaren, langfristig fälligen Verpflichtungen dienen, die gegenüber Arbeitnehmern eingegangen wurden,

mit den Schulden zu verrechnen sind. Gleiches gilt für die zugehörigen Aufwendungen und Erträge.

Mit dieser Neuregelung soll erreicht werden, dass das sogenannte „Planvermögen" (z. B. Versicherungsansprüche oder langfristig angelegtes Fondsvermögen), das als Sicherheit für Pensionszusagen dient, mit der Rückstellung für die Pension verrechnet wird.

> Damit wird eine Annäherung an die IFRS herbeigeführt, die eine Saldierung von Planvermögen mit entsprechenden Pensionsrückstellungen vorsieht.

Gleichzeitig wird dadurch in der Bilanz Vermögen nicht ausgewiesen, das der Haftungsmasse des Unternehmens entzogen ist, weil es in der genannten Form als Sicherheit dient.

Typischer Anwendungsfall für diese Vorschrift sind die Ansprüche aus einer Rückdeckungsversicherung gegen die Pensionsrückstellungen. Dabei werden die verrechneten Vermögensgegenstände nicht mit den Anschaffungskosten, sondern mit dem beizulegenden Zeitwert (jedoch begrenzt auf den Erfüllungsbetrag der Schulden) bewertet (§ 253 Abs. 1 Satz 4 HGB).

Wirtschaftliches Eigentum

Der Kaufmann hat nach § 240 Abs. 1 HGB nur die Vermögensgegenstände im Inventar zu erfassen, die ihm gehören. Hiervon waren schon nach der bisherigen Handhabung auch die Gegenstände erfasst, die zwar zivilrechtlich nicht in seinem Eigentum stehen, ihm aber unter wirtschaftlichen Gesichtspunkten zuzurechnen waren. Ausdrücklich war dies im HGB nicht geregelt, ergab sich aber aus § 246 Abs. 1 Satz 2 HGB (a. F.). Danach waren

- Vermögensgegenstände, die unter Eigentumsvorbehalt erworben wurden

oder

- verpfändet oder in anderer Weise als Sicherheit übertragen wurden,

in der Bilanz des Sicherungsgebers aufzunehmen.

Es wurde also darauf abgestellt, dass unter wirtschaftlichen Gesichtspunkten das Eigentum nicht mehr bei dem sachenrechtlichen Eigentümer lag. Die Neuregelung in § 246 Abs. 1 Satz 2 HGB sieht nun ausdrücklich vor, dass in den Fällen, in denen ein Vermögensgegenstand nicht dem Eigentümer, sondern einem anderen wirtschaftlich zuzurechnen ist, dieser den Vermögensgegenstand in seiner Bilanz auszuweisen hat.

Aus der Neuregelung ergibt sich nicht, wann Eigentum nicht dem Eigentümer zugeordnet wird, sondern einer anderen Person wirtschaftlich zuzurechnen ist. Nach der Begründung zum Regierungsentwurf ist aber darauf abzustellen, dass das wirtschaftliche Eigentum der Person zugeordnet wird, die die wesentlichen Chancen und Risiken trägt. Damit werden beispielsweise die Leasinggegenstände regelmäßig beim Leasingnehmer bilanziert.

Nach § 66 Abs. 3 HGB ist diese Regelung erstmals auf Jahresabschlüsse für das nach dem 31.12.2009 beginnende Geschäftsjahr anzuwenden. Da § 246 Abs. 1 Satz 2 HGB im Ergebnis keine Veränderung zu der bisherigen Bilanzierung von wirtschaftlichem Eigentum mit sich bringt, kommt es auf die Anwendungsvorschrift hier nicht an.

Bewertungsvorschriften

Das BilMoG bringt auch eine Reihe von Neuerungen, die die Bewertung von Vermögensgegenständen und Schulden betreffen.

Außerordentliche Abschreibungen bei Anlagevermögen/Umlaufvermögen

Die Bewertung von Vermögensgegenständen des Anlagevermögens ist durch die Streichung des § 253 Abs. 3 Satz 3 HGB (niedrigerer Zukunftswert), des § 253 Abs. 4 HGB (Abschreibung im Rahmen vernünftiger kaufmännischer Beurteilung) und der Neufassung des § 253 Abs. 3 Satz 4 HGB, der zu einem Wegfall der Abschreibungsmöglichkeit bei nicht dauernder Wertminderung führt, in weiten Teilen geändert. Zu den Einzelheiten sehen Sie bitte die nachfolgende Übersicht.

Die Abschreibungsregelungen sind aufgrund der Neuregelung nun auch einheitlich für Kapital und Personenunternehmen anzuwenden. Gleiches gilt auch für das Wertaufholungsgebot.

Außerplanmäßige Abschreibungen bei Anlagevermögen		
	Altregelung	**Neuregelung**
Abschreibung bei voraussichtlich **vorübergehender** Wertminderung	Wahlrecht für Abschreibung § 253 Abs. 3 Satz 3, 1. Alt. HGB (a. F.)	Grundsätzlich verboten § 253 Abs. 3 Satz 3 HGB (n. F.) Ausnahme: Finanzanlagen § 253 Abs. 3 Satz 4 HGB
Abschreibungen bei voraussichtlich **dauernder** Wertminderung	Pflicht zur Abschreibung § 253 Abs. 3 Satz 3, 2. Alt. HGB (a. F.)	Pflicht zur Abschreibung § 253 Abs. 3 Satz 3 HGB (n. F.)
Ermessensabschreibungen aus sonstigen Gründen	Wahlrecht für Abschreibungen § 253 Abs. 3 Satz 4 HGB	Verboten

Außerplanmäßige Abschreibungen beim Umlaufvermögen		
	Altregelung	**Neuregelung**
Abschreibung bei niedrigem Börsen- oder Marktwert	Pflicht zur Abschreibung § 253 Abs. 3 Satz 1 HGB	Pflicht zur Abschreibung § 253 Abs. 3 Satz 1 HGB
Wenn ein Börsen- oder Marktpreis nicht festzustellen ist und die Anschaffungs- oder Herstellungskosten den beizulegenden Wert übersteigen	Pflicht zur Abschreibung § 253 Abs. 3 Satz 2 HGB	Pflicht zur Abschreibung § 253 Abs. 3 Satz 2 HGB
Abschreibungen wegen zukünftiger Wertschwankungen	Wahlrecht für Abschreibungen § 253 Abs. 3 Satz 3 HGB	Verboten
Ermessensabschreibungen aus sonstigen Gründen	Wahlrecht für Abschreibungen § 253 Abs. 3 Satz 4 HGB	Verboten

Ab wann gilt diese Regelung?

Diese Neuregelungen sind nach Art. 66 Abs. 3 EGHGB erstmals für Abschlüsse für das nach dem 31.12.2009 beginnende Geschäftsjahr anzuwenden.

Bewertung der Bestände an Finanzinstrumenten

Die ursprünglich geplante Einführung einer erfolgswirksamen Bewertung von Finanzinstrumenten des Handelsstands zum beizulegenden Zeitpunkt wurde nicht in die §§ 253 und 255 HGB aufgenommen. Lediglich für Kreditinstitute ist in § 340 HGB eine entsprechende Regelung bei gleichzeitiger Einführung von Risikopuffern aufgenommen worden.

Hedgegeschäfte/Bewertungseinheiten

Durch die Neufassung des § 254 HGB wird die handelsrechtliche Bewertung von Hedgegeschäften nun gesetzlich normiert. Dabei wird auf den Ausweis nicht realisierter Verluste verzichtet, wenn in gleicher Höhe nicht realisierte Gewinne gegenüberstehen. Erreicht wird dies, indem folgende Vorschriften nach § 254 Satz 1 HGB nicht anwendbar sind:

- § 249 Abs. 1 HGB: keine Rückstellung wegen ungewisser Verbindlichkeiten oder drohender Verluste;
- § 252 Abs. 1 Nr. 3 HGB: keine Einzelbewertung der Vermögensgegenstände und Schulden zum Abschlussstichtag;
- § 252 Abs. 1 Nr. 4 HGB: Verzicht auf das Vorsichtsprinzip;
- § 253 Abs. 1 Satz 1 HGB: Verzicht auf das Anschaffungskostenprinzip;
- § 256a HGB: Verzicht auf die Währungsumrechnung.

Unter § 254 HGB fallen nach der Begründung zum Regierungsentwurf folgende Geschäfte:

- **Microhedging:** Bei Microhedging werden die Risiken eines einzelnen Geschäfts, das beispielsweise in Dollar stattfindet, durch ein gegenläufig wirkendes Deckungsgeschäft, z. B. die Aufnahme eines Dollardarlehens, ausgeglichen bzw. abgesichert.
- **Portfoliohedging:** Beim Portfoliohedging wird das Risiko einer Ansammlung von Grundgeschäften durch ein einziges Deckungsgeschäft abgesichert.
- **Makrohedging:** Beim Makrohedging werden sämtliche Risiken eines Unternehmens oder Konzerns durch ein einziges Deckungsgeschäft abgesichert.

Herstellungskosten

Der Herstellungskostenbegriff wird in § 255 Abs. 2 HGB im Vergleich zur bisherigen Regelung erweitert.

Bisher waren nach § 255 Abs. 2 HGB (a. F.) als Wertuntergrenze der Handelsbilanz die Fertigungskosten und die Sonderkosten der Fertigung anzusetzen. Freiwillig konnten auch die Materialkosten, die notwendigen Fertigungsgemeinkosten und die Abschreibung auf die Fertigungsanlagen eingerechnet werden. Vertriebskosten durften nicht berücksichtigt werden.

Nach der Neuregelung besteht nun die Pflicht, Materialgemeinkosten, Fertigungskosten und die Abschreibung auf die Fertigungsanlagen zu berücksichtigen.

Die Einzelheiten der nach der Neuregelung zu berücksichtigenden Kostenposition im Vergleich zum bisherigen Recht entnehmen Sie bitte der nachfolgenden Übersicht:

Kosten	Alt § 255 Abs. 2 HGB	Neu § 255 Abs. 2 HGB
Einzelkosten		
– Materialeinzelkosten	Pflicht	Pflicht
– Fertigungseinzelkosten	Pflicht	Pflicht
– Sondereinzelkosten der Fertigung	Pflicht	Pflicht
Gemeinkosten		
– Materialgemeinkosten:		
Variabel	Wahlrecht	Pflicht
Fix	Wahlrecht	Pflicht
– Fertigungsgemeinkosten:		
Variabel	Wahlrecht	Pflicht
Fix	Wahlrecht	Pflicht
– Wertverzehr des Anlagevermögens im Fertigungsbereich	Wahlrecht	Pflicht
– Verwaltungskosten des Material- und Fertigungs bereichs	Wahlrecht	Pflicht
– Allgemeine Verwaltungskosten	Wahlrecht	Wahlrecht
– Kosten für freiwillige soziale Leistungen	Wahlrecht	Wahlrecht
– Kosten für soziale Einrichtungen	Wahlrecht	Wahlrecht
– Kosten für die betriebliche Altersversorgung	Wahlrecht	Wahlrecht
– Substanzsteuern	Wahlrecht	Wahlrecht
– Ertragssteuern	Verbot	Verbot
– Vertriebskosten	Verbot	Verbot
– Forschungskosten	Verbot	Verbot
– Fremdkapitalkosten	Wahlrecht	Wahlrecht

Ab wann gilt diese Regelung?

Die Neuregelung findet nach Art. 66 Abs. 3 EGHGB erstmals auf Jahresabschlüsse für das nach dem 31.12.2009 beginnende Geschäftsjahr Anwendung.

Eine Nachaktivierung für Herstellungsvorgänge, die vor diesem Zeitpunkt stattgefunden haben, ist nicht vorgesehen.

Herstellungskosten für selbst geschaffene immaterielle Vermögensgegenstände

Für die Herstellungskosten eines selbst geschaffenen immateriellen Vermögensgegenstands des Anlagevermögens sieht § 255 Abs. 2a HGB eine Sonderregelung vor. Danach sind die bei der Entwicklung eines selbst geschaffenen immateriellen Vermögensgegenstands des Anlagevermögens entstandenen Aufwendungen als Herstellungskosten zu berücksichtigen.

Nicht berücksichtigt werden dürfen die Forschungskosten (§255 Abs. 2 Satz 4 HGB).

> Wenn eine Trennung zwischen Forschungs- und Entwicklungskosten nicht möglich ist, ist die Aktivierung insgesamt ausgeschlossen (Einzelheiten siehe oben).

Lifo und Co.

§ 256 HGB reduziert die bisherigen Bewertungsvereinfachungsverfahren auf das Lifo- und Fifo-Verfahren.

Bisherige Regelung

- **FIFO (First In – First Out)**: Die zuerst angeschafften Vorräte gelten als zuerst verkauft. Damit erfolgt die Bewertung mit den Anschaffungskosten der zuletzt angeschafften Vorräte. Steigen die Einkaufspreise, wird damit höher bewertet.
- **LIFO (Last In – First Out)**: Bei diesem Verfahren gelten die zuletzt angeschafften Vorräte als zuerst verkauft. Die Bewertung findet entsprechend mit den Anschaffungskosten des Anfangsbestandes statt, so dass bei steigenden Einkaufspreisen ein niedrigerer Wert anzusetzen ist.
- **HIFO (Highest In – First Out)**: Bei dieser Methode gelten die teuersten Vorräte als zuerst verkauft. Es werden damit die niedrigsten Anschaffungskosten angesetzt.
- **LOIFO (Lowest In – First Out)**: Dabei gelten die billigsten Vorräte als zuerst verkauft, so dass die Bewertung mit den höchsten Anschaffungskosten stattfindet.
- **Durchschnittsverfahren**: Dabei wird bei gleichartigen Vermögensgegenständen des Vorratsvermögens, die zu einer Gruppe zusammengefasst werden, der Durchschnittswert angesetzt.

Neuregelung

§ 256 HGB in der Neufassung lässt nur noch die folgenden Bewertungen zu:

- LIFO (Last In – First Out),
- FIFO (First In – First Out),

- Durchschnittsverfahren: Dabei wird bei gleichartigen Vermögensgegenständen des Vorratsvermögens, die zu einer Gruppe zusammengefasst werden, der Durchschnittswert angesetzt.

Die Durchschnittsbewertung nach § 240 Abs. 4 HGB ist weiterhin zulässig.

Pensionsrückstellungen

Der neu gefasste § 253 Abs. 2 Satz 2 HGB sieht für die Pensionsrückstellungen eine Sonderregelung vor:

Anders als nach der Abzinsungsregelung gem. § 253 Abs. 2 Satz 1 HGB, dürfen Pensionsrückstellungen pauschal mit dem durchschnittlichen Marktzinssatz abgezinst werden, der sich bei einer angenommenen Restlaufzeit von 15 Jahren ergibt.

Die Grundregelung für die Abzinsung nach § 253 Abs. 2 Satz 1 HGB sieht dagegen vor, dass Rückstellungen mit einer Restlaufzeit von mehr als einem Jahr mit dem ihrer Restlaufzeit entsprechenden durchschnittlichen Marktzinssatz der vergangenen sieben Geschäftsjahre abzuzinsen ist.

> Für die Pensionsverpflichtung ist gesetzlich die Möglichkeit gegeben, eine Restlaufzeit von 15 Jahren anzunehmen, ohne dass es auf irgendwelche Belege für die Richtigkeit dieser Annahme ankäme.

Ansonsten gelten für die Pensionsrückstellungen die allgemeinen Regelungen für die Rückstellung, die im nächsten Abschnitt dargelegt werden.

Die Übernahme des steuerlich ermittelten Pensionsrückstellungswertes ist grundsätzlich nicht möglich. Damit müsste der nach § 6a EStG zu ermittelnde Wert für die Pensionsrückstellung separat ermittelt werden. Dadurch entstehen mehr Kosten, weil zwei Gutachten für die Wertermittlung erforderlich werden. Weiter kommt hinzu, dass wegen der Berücksichtigung der künftigen Gehalts- und Rentenentwicklungen sowie eines niedrigeren Zinssatzes als der, der für die Steuerbilanz zugrunde gelegt wird, die Pensionsrückstellung künftig handelsrechtlich viel höher ausfallen wird als in den Vorjahren.

Anwendungszeitraum

Die Neuregelung ist erstmals auf den Jahresabschluss für das nach dem 31.12.2009 beginnende Geschäftsjahr anzuwenden.

Nach Art. 67 Abs. 1 Satz 1 EGHGB sind Zuführungen zu den Rückstellungen für Pensionen, die aufgrund der geänderten Bewertung erforderlich werden, bis spätestens 31.12.2024 mit jährlich mindestens einem Fünftel des zuzuführenden Betrags anzusammeln. Im Anhang sind nach § 285 Nr. 24 HGB künftig entsprechende Angaben zu machen (siehe unten).

Rückstellungen

Für die Rückstellungen gilt, dass diese in Höhe des Erfüllungsbetrags anzusetzen sind. Bisher wurden Rückstellungen nach § 253 Abs. 1 Satz 2 HGB nach **vernünftiger kaufmännischer Beurteilung** bewertet. Zukünftige Preis- und Kostensteigerungen waren nicht zu berücksichtigen. Nach der Neufassung spielen diese Faktoren nun eine Rolle, da sie in Höhe des nach vernünftiger kaufmännischer Beurteilung notwendigen **Erfüllungsbetrags** anzusetzen sind.

Neu ins HGB aufgenommen wird auch die Regelung, dass Rückstellungen mit einer **Restlaufzeit von mehr als einem Jahr** mit dem ihrer Restlaufzeit entsprechenden durchschnittlichen Marktzinssatz der vergangenen sieben Geschäftsjahre abzuzinsen sind. Der jeweils anzuwendende Abzinsungssatz wird von der Deutschen Bundesbank nach Maßgabe einer Rechtsverordnung ermittelt und monatlich bekannt gegeben. Das Bundesjustizministerium hat am 18.11.2009 die „Verordnung über die Ermittlung und Bekanntgabe der Sätze zur Abzinsung von Rückstellungen (RückAbzinsV)" erlassen (BGBl I 2009, 3790).

Für die steuerliche Bewertung der Rückstellung sind die erwarteten Preis- und Kostensteigerungen nicht einzubeziehen. Welche objektiven Kriterien zur Ermittlung der erwarteten Preis- und Kostensteigerung herangezogen werden können, ist momentan noch umstritten.

> Nach der Begründung zum Regierungsentwurf sind nur künftige **Kostensteigerungen** zu berücksichtigen. Konsequenterweise müssten aber auch Kostensenkungen berücksichtigt werden.

Beispiel

Ein Unternehmer mietet ein Ladenlokal für zehn Jahre an. Er ist verpflichtet, sämtliche Umbauten, die er vorgenommen hat, zum Ende des Mietverhältnisses wieder zurückzubauen. Zum Zeitpunkt der Errichtung der Umbauten geht er davon aus, dass der Rückbau 30.000 € Kosten verursachen wird. Bei einer unterstellten Teuerungsrate von jeweils 1 % pro Jahr ergeben sich damit Rückbaukosten in Höhe von ca. 32.810 €.

Er baut nun jährlich 1/10 dieses Betrags als Rückstellung auf.

Stellt sich nun nach fünf Jahren heraus, dass sich die Rückbaukosten wegen zwischenzeitlich neu ergangener Umweltauflagen um 10 % erhöhen, ist ab diesem Zeitpunkt diese Kostenerhöhung in der Rückstellung zu berücksichtigen.

Für die Jahre eins bis fünf wurde also die Hälfte der gesamten erwarteten Rückbaukosten in Höhe von 32.810 € zurückgestellt. Das heißt, 16.405 € sind bereits in den Rückstellungen enthalten. Da der Unternehmer aber nun davon ausgeht, dass sich die bisher kalkulierten Rückbaukosten in Höhe von 32.810 € um 10 % erhöhen, sich also im Ergebnis auf 36.091 € belaufen werden, sind die Rückstellungen in den verbleibenden fünf Jahren so zu erhöhen, dass nach 10 Jahren die Summe von 36.091 € erreicht wird. Die gesamte Preissteigerung in Höhe von 3.281 € ist also zusätzlich auf die verbleibenden fünf Jahre zu verteilen, so dass jährlich zu der Rückstellung in Höhe von 3.281 € nun weitere 656,20 € zurückzustellen sind. In der Summe beläuft sich die Rückstellung für die Jahre sechs bis zehn auf jeweils zusätzlich 3.937,20 €.

Ab wann gilt diese Regelung?

Nach Art. 66 EGHGB ist diese Regelung erstmals auf den Abschluss für das nach dem 31.12.2009 beginnende Geschäftsjahr anzuwenden.

Termingeschäfte (§ 254 Satz 2 HGB)

Die endgültige Fassung des § 254 Satz 2 HGB regelt nun ausdrücklich, dass auch Termingeschäfte als Finanzinstrument gelten. Damit können sie jetzt mit dem Geschäft, das ihnen zugrunde liegt, als Bewertungseinheit behandelt werden.

Anhang

Im Anhang sind gesonderte Angaben nach § 285 Nr. 23 HGB darüber aufzunehmen, welche Art von Bewertungseinheiten zur Absicherung welcher Risiken gebildet wurden und in wie weit der Eintritt der Risiken ausgeschlossen ist.

Ab wann gilt diese Regelung?

Nach Art. 66 Abs. 2 EGHGB ist die Neuregelung erstmals auf Abschlüsse für das nach dem 31.12.2009 beginnende Geschäftsjahr anzuwenden.

Verbindlichkeiten

Nach der Neufassung des § 253 Abs. 1 Satz 2 HGB sind Verbindlichkeiten künftig nicht mit ihrem Rückzahlungsbetrag, sondern mit dem Erfüllungsbetrag anzusetzen. Damit ist es möglich, zukünftige Preis- und Kostensteigerungen bei der Verbindlichkeitenbewertung zu berücksichtigen.

Ab wann gilt diese Regelung?

Nach Art. 66 EGHGB ist diese Regelung erstmals auf den Abschluss für das nach dem 31.12.2009 beginnende Geschäftsjahr anzuwenden.

Währungsumrechnung

Nach § 256 HGB wird erstmals die Währungsumrechnung verpflichtend vorgeschrieben. Damit müssen alle auf ausländische Währungen lautende Vermögensgegenstände und Schulden mit einer Restlaufzeit von über einem Jahr zum

Devisenkassamittelkurs am Abschlussstichtag umgerechnet werden. Aufgrund des Verweises in § 256a Satz 2 HGB ist für kurzfristige Fremdwährungssachverhalte, die eine Restlaufzeit von maximal einem Jahr haben weiterhin die Umrechnung zum Stichtagskurs auch ohne Nieder-Höchstwerttest möglich.

Wegfall der umgekehrten Maßgeblichkeit und Verbot des Ansatzes von allein steuerlich begründeten Werten

Das BilMoG hebt den Grundsatz der umgekehrten Maßgeblichkeit durch Streichung des § 5 Abs. 1 Satz 2 EStG (a. F.) auf.

Durch die Aufhebung der §§ 254 und 279 Abs. 2 HGB sind allein steuerlich begründete Abschreibungen in der Handelsbilanz nicht mehr möglich.

Auch die Berücksichtigung steuerlicher Sonderposten mit Rücklagenanteilen ist durch die Streichung der §§ 247 Abs. 3 und 273 HGB künftig nicht mehr möglich.

§ 5 Abs. 1 Satz 1 EStG wurde so gefasst, dass diese Vergünstigungen aber für Zwecke der steuerlichen Gewinnermittlung weiterhin in Anspruch genommen werden können.

In diesem Fall müssen die Wirtschaftsgüter, für die aufgrund des steuerlichen Wahlrechts ein anderer Wert angesetzt wurde, als der Wert, der in der Handelsbilanz erscheint, in besondere, laufend zu führende Verzeichnisse aufgenommen werden. In diesem Verzeichnis sind

- der Tag der Anschaffung oder Herstellung,
- die Anschaffungs- oder Herstellungskosten,
- die Vorschriften des ausgeübten steuerlichen Wahlrechts und
- die vorgenommenen Abschreibungen

nachzuweisen (§ 5 Abs. 1 Sätze 2 u. 3 EStG).

Im Ergebnis kommt es daher zu einem höheren Gewinnausweis in der Handelsbilanz. Das Bundesministerium der Finanzen hat am 12.10.2009 einen Entwurf zur Maßgeblichkeit der Handelsbilanz für die steuerliche Gewinnermittlung erlassen (Der Betrieb 2009, 2402).

Anwendungszeitraum

Die Auswirkung des neu gefassten § 5 Abs. 1 Satz 1 EStG (Aufhebung des Grundsatzes der umgekehrten Maßgeblichkeit) trat mangels einer Übergangsvorschrift unmittelbar mit Inkrafttreten des BilMoG ein (28.05.2009). Damit bestand die Möglichkeit, die lediglich steuerlich zulässigen Wertansätze in die Handelsbilanz zu übernehmen, nur noch für den Jahresabschluss des Geschäftsjahrs, das vor dem Tag des Inkrafttretens des BilMoG endet.

Die vor dem Inkrafttreten des BilMoG gebildeten Sonderposten mit Rücklagenanteil können nach Art. 67 Abs. 3 Satz 1 EGHGB zeitlich unbefristet beibehalten bleiben. Die steuerlichen Vorgaben sind natürlich weiterhin zu beachten. Wird von diesem

Wahlrecht kein Gebrauch gemacht, ist der entsprechende Betrag unmittelbar in die Gewinnrücklagen einzustellen. Die niedrigeren Wertansätze von Vermögensgegenständen, die aufgrund von allein steuerlich begründeten Abschreibungen in den Vorjahren stattgefunden haben, können ebenfalls fortgeführt werden (Art. 67 Abs. 4 Satz 1 EGHGB).

Wertaufholungsgebot

Durch die Neufassung des § 253 Abs. 5 HGB ist das bisher für Personenunternehmen bestehende Wahlrecht, Wertaufholungen beizubehalten, weggefallen. Wenn die Gründe für die außerordentliche Abschreibung weggefallen sind, darf der niedrigere Wertansatz nicht weiter beibehalten bleiben. Diese Regelung galt bisher schon für Kapitalgesellschaften und Kapitalgesellschaften & Co. und findet nun für alle Kaufleute Anwendung.

> Nach § 253 Abs. 5 Satz 2 HGB gilt eine Ausnahme für den entgeltlich erworbenen Geschäfts- oder Firmenwert. Hat hier eine außerordentliche Abschreibung stattgefunden, ist diese beizubehalten.

Rechnungslegungspflichten

Das BilMoG sieht in den §§ 241a HGB und § 267 HGB Erleichterungen bei den Rechnungslegungspflichten vor:

- Einzelkaufleute können von der Bilanzierungspflicht befreit werden.
- Die Schwellenwerte für die Größenklassen werden angehoben.

Damit ergeben sich für Gesellschaften, die bisher als mittelgroß eingestuft wurden und jetzt als kleine Gesellschaft gelten, Erleichterungen bei Prüfung und Offenlegung des Jahresabschlusses sowie bei den anzuwendenden Bilanzierungsvorschriften.

> Dagegen führen die Neuregelungen für kapitalmarktorientierte Kapitalgesellschaften, die nicht zur Aufstellung eines Konzernabschlusses verpflichtet sind, zu Mehrbelastungen.

Erleichterung für Einzelkaufleute

Nach der Neuregelung in § 241a HGB sind Einzelkaufleute unter bestimmten Voraussetzungen von der Buchführungspflicht und von der Pflicht zur Erstellung eines Inventars befreit.

Maßgeblich für die Befreiung ist die Größe des Einzelunternehmens. Diese wird anhand der Umsatzerlöse **und** des Jahresüberschusses festgemacht. Nur die Einzelkaufleute, die Umsatzerlöse von maximal 500.000 € **und** einen Jahresüberschuss von maximal 50.000 € erzielen, kommen in den Genuss der Erleichterung.

> Wenn diese Werte an den Abschlussstichtagen von zwei aufeinanderfolgenden Geschäftsjahren nicht überschritten werden, **kann** der Einzelkaufmann statt durch Bilanzierung seinen Gewinn durch Einnahme-Überschuss-Rechnung nach § 4 Abs. 3 EStG ermitteln. Dies wird bei ihm regelmäßig zu Kosteneinsparungen führen.

Ein Einzelkaufmann, der sein Unternehmen neu gegründet hat, kann die Erleichterungen auch dann in Anspruch nehmen, wenn die Schwellenwerte am ersten Abschlussstichtag nach der Neugründung nicht überschritten werden. Er muss also nicht zunächst zwei Jahre bilanzieren, um dann festzustellen, dass er in der Zukunft von den Erleichterungen profitiert.

Diese Erleichterung kann nur von Einzelkaufleuten in Anspruch genommen werden. Weder Personen- noch Kapitalgesellschaften profitieren davon.

Die im HGB nun genannten Schwellenwerte entsprechen den Schwellenwerten nach § 141 AO, die die steuerliche Buchführungspflicht begründen.

Einzelkaufleute: Befreiung von der Bilanzierung		
	Neugründung	**„Altunternehmen"**
Umsatzerlöse	≤ 500.000 €	≤ 500.000 €
Jahresüberschuss	≤ 50.000 €	≤ 50.000 €
Zeitraum	maßgeblich sind die Werte ab dem ersten Abschlussstichtag	maßgeblich sind die Werte an zwei aufeinander folgenden Abschlussstichtagen

Kapitalmarktorientierte Gesellschaften

Mit der Einfügung des § 264d HGB wird eine gesetzliche Definition für den Begriff „kapitalmarktorientierte Gesellschaft" geschaffen. Danach ist eine Kapitalgesellschaft dann kapitalmarktorientiert, wenn sie

- Wertpapiere i. S. d. § 2 Abs. 1 Satz 1 des Wertpapierhandelsgesetzes (WPHG) ausgibt

oder

- wenn sie einen organisierten Markt i. S. d. § 2 Abs. 5 WPHG in Anspruch nimmt

oder

- die Zulassung zum Handel an einem organisierten Markt beantragt hat.

Für diese Unternehmen wurden die Vorschriften für die Aufstellung des Jahresabschlusses ergänzt. Sie müssen nach § 264 Abs. 1 Satz 2 HGB den Jahresabschluss

- um eine Kapitalflussrechnung und
- einen Eigenkapitalspiegel erweitern.

Freiwillig können sie den Jahresabschluss auch noch

- um eine Segmentberichterstattung erweitern.

Neue Schwellenwerte für die Größenklassen

Die in § 267 HGB enthaltenen Werte, die der Einteilung von Kapitalgesellschaften in kleine, mittlere und große Kapitalgesellschaften zugrunde liegen, werden angehoben. So können Kapitalgesellschaften, die bisher als mittelgroße Gesellschaften galten, unter Umständen nun als kleine Kapitalgesellschaften eingestuft werden und profitieren damit von den Erleichterungen, die für kleine Kapitalgesellschaften gelten. Durch das BilMoG wurden die Schwellenwerte für die Bilanzsumme und die Umsatzerlöse jeweils um ca. 20 % erhöht. Die Anzahl der Arbeitnehmer ist unverändert geblieben.

Schwellenwerte: Größenklassen von Kapitalgesellschaften		
Kleine Kapitalgesellschaften	**Alt**	**Neu**
Bilanzsumme	≤ 4.015 T€	≤ 4.840 T€
Umsatzerlöse	≤ 8.030 T€	≤ 9.680 T€
Arbeitnehmer	≤ 50	≤ 50
Mittelgroße Kapitalgesellschaften		
Bilanzsumme	> 4.015 T€ ≤ 16.060 T€	> 4.840 T€ ≤ 19.250 T€
Umsatzerlöse	> 8.030 T€ ≤ 32.120 T€	> 9.680 T€ ≤ 38.500 T€
Arbeitnehmer	> 50 ≤ 250	> 50 ≤ 250
Große Kapitalgesellschaften		
Bilanzsumme	> 16.060 T€	> 19.250 T€
Umsatzerlöse	> 32.120 T€	> 38.500 T€
Arbeitnehmer	> 250	> 250

Unverändert geblieben ist die Regelung, dass ein Wechsel von einer in die andere Größenklasse dann erfolgt, wenn zwei der drei Kriterien an zwei aufeinander folgenden Abschlussstichtagen vorliegen.

Anwendungszeitraum

Die neue Größenklasseneinteilung ist erstmals auf Jahresabschlüsse für die nach dem 31.12.2007 beginnenden Geschäftsjahre anzuwenden.

Für die Rückschau, ob die Schwellenwerte bereits in den vorausgegangenen zwei Jahren über- oder unterschritten wurden, sind die nun geltenden erhöhten Schwellenwerte maßgeblich (§ 267 Abs. 4 HGB).

Beispiel

Die A GmbH weist im Jahr 2008 folgende Werte auf:

Bilanzsumme:	440.000 €
Umsatzerlöse:	9.000.000 €

Die Gesellschaft verfügt über 100 Mitarbeiter.

Um zu prüfen, ob die Gesellschaft nach neuem Recht als kleine Kapitalgesellschaft gilt, sind die neuen Schwellenwerte anzusetzen. Danach sind für das Jahr 2008 sowohl die Bilanzsumme, als auch die Umsatzerlöse unter den Grenzen, die für eine mittelgroße Kapitalgesellschaft gelten. Lediglich die Anzahl der Arbeitnehmer überschreitet diese Grenze. Bei einer Unterschreitung von zwei der drei Kriterien ist die Gesellschaft als kleine Kapitalgesellschaft einzuordnen, wenn an zwei aufeinander folgenden Abschlussstichtagen die Schwellenwerte für die mittelgroße Kapitalgesellschaft unterschritten werden. Um dies zu überprüfen, ist daher auch die Situation für den Jahresabschluss 2007 zu betrachten. Im Jahr 2007 hat die Gesellschaft alle drei Schwellenwerte für die Einstufung als kleine Kapitalgesellschaft überschritten. Da aber für die Einordnung im Jahr 2008 die nun geltenden Werte zugrunde zu legen sind, gelten für diese Einordnung rückwirkend die Schwellenwerte, die nun durch das BilMoG eingeführt wurden. Damit wird die Kapitalgesellschaft, die im Jahr 2007 als mittelgroße gewertet wurde, nunmehr für die Frage, ob 2008 eine kleine Kapitalgesellschaft vorliegt, auch in 2007 also solche bewertet.

Die Kapitalgesellschaften, die nun nicht mehr als mittelgroße, sondern als kleine Kapitalgesellschaften eingestuft werden, haben hierdurch folgende Vorteile:

- Die Prüfungspflicht für den Jahresabschluss entfällt.
- Es kommt zu Erleichterungen bei der Offenlegung, da die Gewinn- und Verlustrechnung nicht mit offen gelegt werden muss, eine verkürzte Bilanz genügt und der Anhang keine Angaben zur Gewinn- und Verlustrechnung enthalten muss.
- Verschiedene Bilanzierungsvorschriften sind nur in einer erleichterten Form oder gar nicht auf die kleinen Kapitalgesellschaften anzuwenden.

Kapitalmarktorientierte Gesellschaften i. S. d. § 264d HGB, die im nachfolgenden Abschnitt umfassend dargestellt werden, gelten stets als große Kapitalgesellschaften. Hier kommt es auf die Schwellenwerte nicht an.

Sonderregelungen für Kapital- und Personengesellschaften

Das MoMiG enthält einige Regelungen, die speziell für Kapitalgesellschaften und Personengesellschaften gelten, bei denen keine natürliche Person persönlich haftender Gesellschafter ist. Betroffen sind also vorrangig die GmbHs, AGs und GmbH & Co. KGs.

Das nachfolgende Kapitel stellt die wesentlichen Änderungen, die diese Kaufleute betreffen, zusammen.

Sie erfahren,

- welche Ausschüttungsspannen bestehen,
- wie ausstehende Einlagen und eigene Anteile auszuweisen sind,
- was sich beim Ansatz von Ingangsetzungs- und Erweiterungskosten geändert hat und
- wie latente Steuern darzustellen sind.

Ausschüttungssperre

Nach dem neuen § 268 Abs. 8 HGB bestehen hinsichtlich der Gewinnausschüttung neue Beschränkungen.

Im Einzelnen betrifft das die folgenden Positionen:

- die selbst geschaffenen immateriellen Vermögensgegenstände des Anlagevermögens,
- den Ausweis aktiver latenter Steuern,
- den Ausweis passiver latenter Steuern für die Vermögensgegenstände, die dem Zugriff aller übrigen Gläubiger entzogen sind und die ausschließlich der Erfüllung von Schulden aus Altersversorgungsverpflichtungen oder vergleichbaren langfristig fälligen Verbindlichkeiten dienen (Saldierung nach § 246 Abs. 2 Satz 2 HGB). In Höhe des Wertes dieser Posten reduziert sich das ausschüttbare Kapital.

Beispiel

Die B-GmbH hat nach Abzug des gezeichneten Kapitals ein Eigenkapital von 700.000 €. Sie weist für selbst geschaffene immaterielle Vermögensgegenstände einen Aktivposten in Höhe von 200.000 € und passive latente Steuern in Höhe von 100.000 € aus.

Für die Ausschüttung ergibt sich damit folgende Abrechnung:

Eigenkapital:	700.000 €
abzüglich Entwicklungskosten:	- 200.000 €
abzüglich passive latente Steuern:	- 100.000 €
ausschüttungsfähiger Betrag:	**400.000 €**

Ausstehende Einlage

Bei den Kapitalgesellschaften muss nicht zwingend die gesamte Einlage des Gesellschafters sofort eingezahlt werden. Nur soweit die Gesellschaft die Einlage vom Gesellschafter fordert, muss er sie zahlen. Es kann also eine Einlageverpflichtung bestehen, die noch nicht fällig ist, weil sie noch nicht eingefordert ist. Das muss aus dem Abschluss erkennbar sein.

Die noch nicht eingeforderte ausstehende Einlage auf das gezeichnete Kapital muss künftig von den Posten „gezeichnetes Kapital" abgesetzt sein. Das als Differenz verbleibende eingeforderte Kapital ist als solches in der Hauptspalte der Passivseite auszuweisen.

Beispiel

Damit ergibt sich beispielsweise folgende Gliederung:

A. Eigenkapital

I. Gezeichnetes Kapital:	25.000 €
Nicht eingeforderte ausstehende Einlage	- 12.500 €
Eingefordertes Kapital	12.500 €

...

...

...

Die eingeforderten, aber noch nicht geleisteten Einlagen sind unter den Forderungen gesondert auszuweisen:

B. Umlaufvermögen

II. Forderungen und Vermögensgegenstände

5. Eingeforderte ausstehende Einlagen

Eigene Anteile

Nach § 272 Abs. 1a HGB ist der Nennbetrag von erworbenen eigenen Anteilen in der Vorspalte offen von dem Posten „gezeichnetes Kapital" abzusetzen.

Ergibt sich zwischen dem Nennbetrag und den Anschaffungskosten für die eigenen Anteile eine Differenz, ist sie mit den frei verfügbaren Rücklagen zu verrechnen.

Beispiel

Die AG hat ein gezeichnetes Kapital in Höhe von 100.000 €. Sie hat freie Gewinnrücklagen von 10.000 €.

Das Kapital gliedert sich wie folgt:

	Vorspalte	Hauptspalte
A. Eigenkapital		
I. Gezeichnetes Kapital:		100.000 €
III. Gewinnrücklagen		
4. Andere Gewinnrücklagen		10.000 €

Die Gesellschaft erwirbt von einem Gesellschafter einen GmbH-Anteil im Nennwert von 20.000 €. Der Kaufpreis beträgt 30.000 €.

Das Kapital gliedert sich sodann wie folgt:

	Vorspalte	Hauptspalte
A. Eigenkapital		
I. Gezeichnetes Kapital	100.000 €	
II. Kapitalrücklagen	– 20.000 €	80.000 €
III. Gewinnrücklagen		
4. Andere Gewinnrücklagen		0,00 €

Die eigenen Anteile werden nicht mehr im Umlaufvermögen ausgewiesen. Die bisherige Regelung in § 265 Abs. 3 Satz 2 HGB wird gestrichen. Weiter wurde § 266 HGB insoweit geändert, als unter der Position „B III Wertpapiere" auf der Aktivseite eigene Anteile nun nicht mehr ausweisbar sind.

Kommt es zum Verkauf der eigenen Anteile, ist der Nennbetrag der veräußerten Geschäftsanteile beim „gezeichneten Kapital" zuzuführen und der Betrag, der beim Ankauf der eigenen Anteile von den „frei verfügbaren Rücklagen" abgezogen wurde, diesen wieder zuzuführen.

Ein diesen Betrag übersteigender Veräußerungserlös, der sich aus einer Verrechnung des Veräußerungserlöses mit den seinerzeitigen Anschaffungskosten ergibt, ist in die Kapitalrücklage einzustellen.

Beispiel

Die Anteile im obigen Beispiel werden im Folgejahr verkauft. Der Kaufpreis beträgt 40.000 €. Das Kapital gliedert sich dann wie folgt:

	Vorspalte	Hauptspalte
A. Eigenkapital		
I. Gezeichnetes Kapital		10.000 €
II. Kapitalrücklagen		
1. Ausgabe Aufgeld		10.000 €
III. Gewinnrücklagen		
4. Andere Gewinnrücklagen		10.000 €

Ingangsetzungs- und Erweiterungsaufwendungen

Mit der Streichung der §§ 269 und 282 HGB sind die Möglichkeiten weggefallen, Aufwendungen für Ingangsetzung und Erweiterung des Geschäftsbetriebs zu aktivieren.

Erfasst waren hiervon sämtliche Kosten des Aufbaus der Organisation wie etwa

- Personalbeschaffungskosten,
- Einführungswerbung oder
- Marktstudien.

Sie wurden bisher in der Bilanz unter der Bezeichnung „Aufwendungen für die Ingangsetzung und Erweiterung des Geschäftsbetriebs" ausgewiesen und im Anhang erläutert.

Ab wann gilt diese Regelung?

Nach Art. 66 Abs. 5 EGHGB konnten letztmals in Abschlüssen für das vor dem 01.01.2010 beginnende Geschäftsjahr die Ingangsetzungs- und Erweiterungsaufwendungen aktiviert werden.

Nach Art. 67 Abs. 5 EGHGB dürfen schon gebildete Bilanzierungshilfen allerdings entsprechend der bisherigen Fassung weiterhin fortgeführt werden.

Latente Steuern

Die bisherige Regelung in § 274 HGB zur Behandlung von latenten Steuern im Abschluss sah folgendes vor:

Wenn der im Geschäftsjahr ausgewiesene Steueraufwand zu niedrig war, weil in der Steuerbilanz ein niedrigerer Gewinn ausgewiesen wurde, musste in Höhe der voraussichtlichen Steuerbelastung der nachfolgenden Geschäftsjahre eine Rückstellung gebildet werden, weil auf die Gesellschaft in der Zukunft eine Belastung zukam.

Nach der Neuregelung des § 274 Abs. 1 Satz 1 ist in diesen Fällen künftig die sich insgesamt ergebende Steuermehrbelastung als eigene Bilanzposition (Passive latente Steuern, § 266 Abs. 2 Buchstabe E HGB) auszuweisen.

Im umgekehrten Fall **konnte** nach § 274 Abs. 2 HGB ein Abgrenzungsposten auf der Aktivseite der Bilanz gebildet werden.

Nach der Neuregelung des § 274 Satz 2 HGB besteht das Ansatzwahlrecht für aktive latente Steuern weiterhin fort. Allerdings ist auch hierfür nun ein eigener Bilanzposten (aktive latente Steuern, § 266 Abs. 2 Buchstabe D HGB) zu bilden.

Nach § 274a Nr. 5 HGB sind kleine Kapitalgesellschaften i. S. d. § 267 HGB von den Regelungen des § 274 HGB ausgenommen. Große Kapitalgesellschaften haben im Anhang umfangreiche Angaben zur Berechnung und Bilanzierung der latenten Steuern zu machen.

> Wegen der Entkopplung von Handels- und Steuerbilanz wird es zunehmend zur Bildung latenter Steuern kommen.

Die wichtigsten Änderungen für den Konzernabschluss

Das BilMoG ändert auch in einigen Bereichen die Vorschriften, die den Konzernabschluss betreffen. Im nachfolgenden Kapital werden die wichtigsten Änderungen überblicksartig dargestellt.

Änderungen, die den IFRS-Konzernabschluss betreffen und den Konzernabschluss von Kapitalmarktunternehmen, sind nicht Gegenstand der folgenden Darstellung.

In diesem Kapitel lesen Sie,

- wie der Begriff „einheitliche Leitung" neu definiert wird,
- wie die neuen Größenklassen für den Konzernabschluss aussehen,
- welche Werte künftig für die Kapitalkonsolidierung maßgeblich sind.

Einheitliche Leitung

Nach dem neu gefassten § 290 Abs. 1 HGB besteht die Verpflichtung, einen Konzernabschluss und einen Konzernlagebericht aufzustellen, wenn die Unternehmen in einem Konzern (Tochterunternehmen) unter der einheitlichen Leitung einer Kapitalgesellschaft mit Sitz im Inland (Mutterunternehmen) stehen. Es ist nicht mehr erforderlich, dass das Mutterunternehmen am Tochterunternehmen eine Beteiligung hält.

Der Begriff des beherrschenden Einflusses ist in § 290 Abs. 2 HGB wie folgt definiert:

Dem Mutterunternehmen

- steht bei einem anderen Unternehmen die Mehrheit der Stimmrechte der Gesellschafter zu oder
- ihm steht bei einem anderen Unternehmen das Recht zu, die Mehrheit der Mitglieder des die Finanz- und Geschäftspolitik bestimmenden Verwaltungs-, Leitungs- oder Aufsichtsorgans zu bestellen oder abzuberufen, wenn es gleichzeitig Gesellschafter ist oder
- ihm steht das Recht zu, die Finanz- und Geschäftspolitik aufgrund eines mit einem anderen Unternehmen geschlossenen Beherrschungsvertrags oder aufgrund einer Bestimmung in der Satzung des anderen Unternehmens zu bestimmen oder
- es trägt bei wirtschaftlicher Betrachtung die Mehrheit der Risiken und Chancen eines Unternehmens, das zur Erreichung eines eng begrenzten und genau definierten Ziels des Mutterunternehmens dient (Zweckgesellschaft).

Größenklassen

Die in § 293 HGB festgelegten Größenklassen, die dafür maßgeblich sind, ob ein Mutterunternehmen von der Pflicht, einen Konzernabschluss und einen Konzernlagebericht aufzustellen, befreit wird, werden angehoben.

Geänderte Größenklassen nach § 293 Abs. 1 Nr. 1 HGB (addiert)		
	Altregelung	**Neuregelung**
Bilanzsumme	> 19.272 T€	> 23.100 T€
Umsatz pro Jahr	> 38.545 T€	> 42.000 T€
Beschäftigte	> 250	> 250

Geänderte Größenklassen nach § 293 Abs. 1 Nr. 2 HGB (konsolidiert)		
	Altregelung	**Neuregelung**
Bilanzsumme	> 16.060 T€	> 19250 T€
Umsatzerlöse	> 32.120 T€	> 38.500 T€
Arbeitnehmer	> 250	> 250

Kapitalkonsolidierung

Der Wertansatz der Anteile an einem Tochterunternehmen, die dem Mutterunternehmen gehören, erfolgt künftig nicht mehr nach der bisher vorherrschenden Buchwertmethode. Künftig wird der Wert zum Erwerbszeitpunkt ermittelt, sodass für neu erworbene Tochterunternehmen Zwischenabschlüsse auf den Erwerbszeitpunkt aufgestellt werden müssen.

Entsprechend den IFRS können die Unternehmen den Wertansatz innerhalb der dem Erwerbszeitpunkt folgenden zwölf Monate anpassen (§ 238 Abs. 2 Satz 2 AktG). Damit haben sie die Gelegenheit, Erkenntnisse, die sie erst nach dem Erwerb gewonnen haben, bei der Bewertung zu berücksichtigen.

Währungsumrechnung

Nach § 308a HGB ist nun festgelegt, wie Aktiv- und Passivposten einer in fremder Währung abgefassten Bilanz umzurechnen sind.

Es gelten folgende Kurse:

- Eigenkapital der Töchter: historischer Kurs;
- sonstige Aktiv- und Passivposten: Devisenkassamittelkurs am Abschlussstichtag;
- Posten der GuV: Umrechnung nach dem Durchschnittskurs.

Die Zeitbezugsmethode ist daher nicht mehr zugelassen.

Wenn sich eine Umrechnungsdifferenz ergibt, ist diese innerhalb des Konzerneigenkapitals nach den Rücklagen unter den Posten „Eigenkapital aus Währungsdifferenzen" auszuweisen (§ 308a Satz 3 HGB).

Die wichtigsten Änderungen für den Anhang und Lagebericht

In diesem Kapitel zeigen wir Ihnen, welche Änderungen sich für den Anhang und den Lagebericht durch das BilMoG ergeben.

Unter anderem erfahren Sie im folgenden Abschnitt

- wie die Beträge darzustellen sind, die der Ausschüttungssperre unterliegen,
- welche Angaben über Finanzinstrumente zu machen sind,
- welche Angaben über Geschäfte mit „nahe stehenden Personen" zu machen sind.

Anhang

Im Anhang sind nach dem BilMoG zusätzliche oder erweiterte Angaben zu machen. Nachfolgend finden Sie eine Auflistung der betroffenen Themen in alphabetischer Reihenfolge.

Ausschüttungssperre

§ 285 Nr. 28 HGB

Der Gesamtbetrag einer Ausschüttungssperre nach § 268 Abs. 8 HGB ist aufzugliedern in:

- Erträge aus der Aktivierung selbst geschaffener immaterieller Vermögensgegenstände,
- aktive latente Steuern,
- Bewertung von Finanzinstrumenten oder Vermögensgegenständen zum beigelegten Wert.

§ 285 Nr. 29 HGB

Es sind Angaben zu machen, auf welchen Differenzen oder steuerlichen Verlustvorträgen die latenten Steuern beruhen und mit welchen Steuersätzen die Bewertung erfolgt ist.

Kleine und mittelgroße Kapitalgesellschaften können auf die Angaben verzichten.

Bewertungseinheiten

§ 285 Nr. 23 HGB

Werden Bewertungseinheiten gebildet, sind Angaben unter anderem über

- die Art und Höhe der abgesicherten Risiken,
- die Art der gebildeten Bewertungseinheit,
- Informationen zum erwarteten Ausgleich gegenläufiger Wertänderungen oder Zahlungsströme sowie
- Erläuterungen abgesicherter Transaktionen, die mit hoher Wahrscheinlichkeit erwartet werden,

zu machen.

Corporate Governance Kodex

§ 285 Nr. 16 HGB

Von den in § 161 AktG genannten Gesellschaften sind Angaben zum Ort der Veröffentlichung zu machen.

Finanzanlagen

§ 285 Nr. 18 HGB

Wenn eine außerplanmäßige Abschreibung unterblieben ist, sind Angaben über:

- den Buch- und Zeitwert der einzelnen Vermögensgegenstände oder Gruppierungen,
- den Grund für das Unterlassen der Abschreibung,

- Anhaltspunkte dafür, dass die Wertminderung voraussichtlich nicht von Dauer ist,

zu machen.

> Kleine Kapitalgesellschaften können auf die Angaben verzichten.

Finanzinstrumente

§ 285 Nr. 19 HGB

Folgende Angaben zur **unterbliebenen** Zeitwertbilanzierung sind zu machen:

- Art und Umfang,
- beizulegender Zeitwert und die Bewertungsmethode,
- deren Buchwert und der Bilanzposten, der sie enthält,
- Gründe, warum der beizulegende Wert nicht bestimmt werden konnte.

§ 285 Nr. 20 HGB

Folgende Angaben sind über **zum Zeitwert** bilanzierte Finanzinstrumente zu machen:

- grundlegende Annahmen hinsichtlich der Wertbestimmung sowie der Bewertungsmethoden,
- Umfang und Art der einzelnen Kategorien der derivativen Finanzinstrumente, sowie die Bedingungen, die die Höhe, den Zeitpunkt und die Sicherheit künftiger Zahlungsströme beeinflussen können.

Forschungskosten/Entwicklungskosten

§ 285 Nr. 22 HGB

Im Falle der Aktivierung selbst geschaffener immaterieller Wirtschaftsgüter ist der Gesamtbetrag der Forschungs- und Entwicklungskosten anzugeben und der Teil auszuweisen, der auf die selbst geschaffenen Wirtschaftsgüter entfällt.

> Kleine Kapitalgesellschaften können auf die Angaben verzichten.

Geschäfte, die nicht in der Bilanz erscheinen

§ 285 Nr. 3 HGB

Im Anhang sind die folgenden Geschäfte zu benennen und Angaben darüber machen, mit wem und zu welchen Konditionen sie getätigt wurden.

Betroffen sind:

- Zweckgesellschaften,
- Offshore-Geschäfte,
- Factoring,
- Pensionsgeschäfte,
- Konsignationslagervereinbarungen,
- Verträge mit unbedingten Zahlungsverpflichtungen (Take-To-Pay-Verträge),
- Forderungsverbriefung über gesonderte Gesellschaften,
- Verpfändung von Aktiva,

- Leasingverträge,
- Auslagerung von Tätigkeiten.

> Kleine Kapitalgesellschaften können auf die Angaben verzichten.

Geschäftswert/Firmenwert

§ 285 Nr. 13 HGB

Wenn eine Nutzungsdauer des Geschäfts- oder Firmenwertes von mehr als fünf Jahren angenommen wird, müssen Sie erläutern, warum Sie von der Fünfjahresregel abweichen.

Honorar Abschlussprüfer

§ 285 Nr. 17 HGB

Es sind Angaben zum Honorar für Abschlussprüfer für sämtliche Vergütungen zu machen. Dabei sind die Angaben zum Gesamthonorar wie folgt aufzugliedern:

- Honorar für Abschlussprüfungsleistungen
- Honorar für andere Bestätigungsleistungen
- Honorar für Steuerberatungsleistungen
- Honorar für sonstige Leistungen

> Kleine Kapitalgesellschaften können auf die Angaben verzichten. Mittelgroße Kapitalgesellschaften brauchen die Angaben ebenfalls nicht zu machen, müssen sie aber gegenüber der Wirtschaftsprüferkammer machen, wenn diese entsprechende Angaben anfordert.

Investmentvermögen

§ 285 Nr. 26 HGB

Es sind Angaben zu Anteilen oder Anlageaktien an inländischen Investmentvermögen i. S. d. § 1 des InvG oder vergleichbaren ausländischen Investmentanteilen i. S. d. § 2 Abs. 9 InvG von mehr als 10 % zu machen.

Nahe stehende Personen

§ 285 Nr. 21 HGB

Es sind Angaben zu den Geschäften mit nahe stehenden Personen, die nicht zu marktüblichen Bedingungen zustande gekommen sind, zu machen.

„Nahe stehende Personen" sind:

- Mutter-, Tochter- und Schwesterunternehmen,
- Gesellschafter,
- assoziierte Unternehmen (Anteile zwischen 20 % und > 50 %),
- Personen in einer Schlüsselposition,
- nahe Familienangehörige der oben genannten Personen.

Kleine Kapitalgesellschaften können auf die Angaben verzichten. Mittelgroße Kapitalgesellschaften müssen die Angaben nur machen, wenn sie Aktiengesellschaften sind.

Nicht zu marktüblichen Bedingungen sind Geschäfte dann abgeschlossen, wenn sie mit einem fremden Dritten in der Form so nicht durchgeführt worden wären.

Pensionsrückstellungen und ähnliche Verpflichtungen

§ 285 Nr. 24 HGB

Das angewandte versicherungsmathematische Berechnungsverfahren, die grundlegenden Annahmen der Berechnung sowie Zinssatz, erwartete Lohn- und Gehaltsentwicklungen und zugrunde gelegte Sterbetafeln sind hinsichtlich der Rückstellungen für Pensionen und ähnliche Verpflichtungen in den Anhang aufzunehmen.

Saldierungen

§ 285 Nr. 25 HGB

Wenn Vermögensgegenstände mit den dazugehörigen Schulden nach § 246 Abs. 2 HGB verrechnet werden, sind Angaben über die Anschaffungskosten und den beizulegenden Zeitwert der verrechneten Vermögensgegenstände, den Erfüllungsbetrag der verrechneten Schulden sowie die verrechneten Aufwendung und Erträge zu machen.

Verbindlichkeiten/Haftungsverhältnisse

§ 285 Nr. 27 HGB

Es sind Angaben über die nach § 251 HGB unterhalb der Bilanz oder nach § 268 Abs. 7 Hs. 1 HGB im Anhang ausgewiesenen Verbindlichkeiten und Haftungsverhältnisse zu machen. Dabei sind die Gründe zu benennen, die für die Einschätzung des Risikos herangezogen wurden.

Verbindlichkeitenspiegel

§ 285 Nr. 2 HGB

Dazu müssen Angaben zwingend gemacht werden.

Erleichterungen für kleine Kapitalgesellschaften und Kapitalgesellschaften & Co.

Die in § 288 enthaltenen Erleichterungen für die kleinen Kapitalgesellschaften und Kapitalgesellschaften und Co. entnehmen sie bitte der nachfolgenden Übersicht:

Übersicht: Erleichterungen für kleine Kapitalgesellschaften und Kapitalgesellschaften & Co.	
§ 284 Abs. 2 Nr. 4 HGB	Bewertungsunterschiede bei Vorräten zwischen Börsen- und Marktpreis am Bilanzstichtag sowie der Bewertung nach Gruppen bzw. LIFO oder FIFO
§ 285 Nr. 2 HGB	Verbindlichkeitenspiegel mit Unterposten

Übersicht: Erleichterungen für kleine Kapitalgesellschaften und Kapitalgesellschaften & Co.	
§ 285 Nr. 3 HGB	Die nicht bilanzierten Geschäfte
§ 285 Nr. 3 und 3a HGB	Sonstige finanzielle Verpflichtungen
§ 285 Nr. 4 HGB	Aufgliederung der Umsatzerlöse nach Tätigkeitsgebieten
§ 285 Nr. 5 HGB	Wurde aufgehoben
§ 285 Nr. 6 HGB	Ertragssteuern auf AO-Ergebnisse
§ 285 Nr. 7 HGB	Durchschnittliche Zahl der während des Geschäftsjahrs beschäftigten Arbeitnehmer
§ 285 Nr. 8a HGB	Materialaufwand bei Anwendung des Umsatzkostenverfahrens nach § 275 Abs. 3 HGB
§ 285 Nr. 9a HGB	Die Bezüge der Gesellschaftsorgane
§ 285 Nr. 9b HGB	Die Gesamtbezüge der früheren Mitglieder der Organe und ihrer Hinterbliebenen
§ 285 Nr. 12 HGB	Erläuterungen zu den Rückstellungen
§ 285 Nr. 17 HGB	Abschlussprüferhonorar
§ 285 Nr. 19 HGB	Derivative Finanzinstrumente
§ 285 Nr. 21 HGB	Geschäfte mit nahe stehenden Personen, soweit sie nicht zum marktüblichen Bedingungen zustande gekommen sind
§ 285 Nr. 22 HGB	Gesamtbetrag der Forschungs- und Entwicklungskosten
§ 285 Nr. 29 HGB	Angaben zu den latenten Steuern

Erleichterung für mittelgroße Kapitalgesellschaften und Kapitalgesellschaften & Co. (§ 288 Abs. 2 HGB)

Bisher waren für die mittelgroßen Kapitalgesellschaften nur Erleichterungen hinsichtlich des § 285 Nr. 4 HGB (Aufgliederung der Umsatzerlöse nach Tätigkeitsgebieten) vorgesehen.

Diese Regelung ist beibehalten worden. Hinzugekommen sind die folgenden Erleichterungen:

- § 285 Nr. 3 HGB: Bei den nicht bilanzierten Geschäften müssen die finanziellen Auswirkungen nicht dargestellt werden; die Aufzählung und die Angaben zur Art und deren Zweck sind aber erforderlich.
- § 285 Nr. 17 HGB (Abschlussprüferhonorar): Gegebenenfalls ist aber eine schriftliche Mitteilung an die Wirtschaftsprüferkammer zu machen, falls diese die Information anfordern.
- § 285 Nr. 21 HGB (Geschäfte mit nahe stehenden Personen): Wenn es sich um eine AG handelt, besteht grundsätzlich die Verpflichtung, Angaben zu machen. Dann ist die Pflicht aber beschränkt auf den Hauptgesellschafter und Geschäfte mit den Organen.

Lagebericht

Auch im Bereich des Lageberichts bringt das BilMoG Änderungen.

Kapitalmarktorientierte Unternehmen müssen im Lagebericht erweiterte Angaben machen. Damit es nicht zu Wiederholungen kommt, sieht § 289 Abs. 4 HGB vor, dass diese Angaben nicht zusätzlich im Lagebericht erscheinen müssen. Es genügt nach § 289 Abs. 4 Satz 2 HGB vielmehr, dass auf die Angaben im Anhang hingewiesen wird. Es sind nach § 289 Abs. 4 HGB die folgenden Angaben daher im Lagebericht entbehrlich:

- § 289 Abs. 4 Nr. 1 HGB: Angaben über die Zusammensetzung des gezeichneten Kapitals sowie Angaben zu den Aktiengattungen.
- § 289 Abs. 4 Nr. 3 HGB: Angaben über direkte oder indirekte Beteiligungen am Kapital, die 10 % der Stimmrechte übersteigen.
- § 289 Abs. 4 Nr. 9 HGB: Angaben über Entschädigungsvereinbarungen der Gesellschaft, die für den Fall eines Übernahmeangebots mit den Mitgliedern des Vorstands oder mit Arbeitnehmern getroffen wurden.

Erklärung zur Unternehmensführung

Nach § 289a HGB müssen

- börsennotierte Aktiengesellschaften

und

- Aktiengesellschaften, die ausschließlich andere Wertpapiere als Aktien zum Handeln an einem organisierten Markt i. S. d. § 2 Abs. 5 WPHG ausgegeben haben und deren ausgegebene Aktien auf eigene Veranlassung im Freiverkehr gehandelt werden,

eine Erklärung zur Unternehmensführung in den Lagebericht aufnehmen. Diese muss dort einen gesonderten Abschnitt bilden.

Nach § 289a Abs. 2 HGB sind in der Erklärung die folgenden Angaben zu machen:

- die Erklärungen nach § 161 AktG zum Corporate Governance Kodex. Danach haben Vorstand und Aufsichtsrat jährlich zu erklären, dass den Empfehlungen nach dem Deutschen Corporate Governance Kodex entsprochen wurde und wird oder welche Empfehlungen nicht angewendet wurden oder werden. Es ist auch anzugeben, warum die Empfehlung nicht angewendet wird;
- relevante Angaben zu Unternehmensführungspraktiken, die über die gesetzlichen Anforderungen hinaus angewendet werden. Hier sind auch Hinweise aufzunehmen, wo diese Praktiken öffentlich zugänglich sind;

- eine Beschreibung der Arbeitsweise von Vorstand und Aufsichtsrat sowie die Zusammensetzung und Arbeitsweise von deren Ausschüssen. Auf diese Angaben kann verzichtet werden, wenn sie auf der Internetseite der Gesellschaft öffentlich zugänglich sind.

Nach § 317 Abs. 2 Satz 3 HGB sind die Angaben nach § 289a HGB nicht Gegenstand der Abschlussprüfung.

Interne Kontrollsysteme

Kapitalmarktorientierte Unternehmen müssen zusätzlich in ihrem Lagebericht die wesentlichen Merkmale des internen Kontroll- und Risikomanagementsystems darstellen. Wenn kein solches System besteht, ist auf diesen Umstand hinzuweisen. Aus § 289 Abs. 5 HGB ergibt sich keine Verpflichtung, ein solches System einzurichten.

Die wichtigsten Änderungen für die Jahresabschlussprüfung

Die Änderungen, die das BilMoG mit sich bringt, betreffen in zahlreichen Punkten auch die Prüfung des Jahresabschlusses. Das nachfolgende Kapital unterrichtet Sie über die wesentlichen Änderungen in diesem Bereich.

Lesen Sie in diesem Kapitel,

- welche neuen Sorgfaltspflichten für den Konzernprüfer gelten,
- wie die Rotation zwischen den Prüfern neu geregelt ist und
- welche neuen Ausschlussgründe für Abschlussprüfer gelten, wenn sie einem „Netzwerk" angehören.

Prüfung von Tochtergesellschaften

Der Konzernabschlussprüfer hat aufgrund der Neuregelung in § 317 Abs. 3 Satz 2 HGB nun zusätzlich die Aufgabe, die Arbeit der Abschlussprüfer, die die Tochtergesellschaften kontrolliert haben, zu prüfen und diese Überprüfung zu dokumentieren.

Bisher konnte der Konzernabschlussprüfer nach § 317 Abs. 3 Satz 2 und Satz 3 HGB (a. F.) die geprüften Abschlüsse der Tochtergesellschaft ohne Weiteres übernehmen. Durch die Neuregelung wird ihm die volle Verantwortung für den Bestätigungsvermerk der zu konsolidierenden Abschlüsse auferlegt.

Umfang der Überprüfung

Der Umfang der Überprüfung richtet sich danach, inwieweit die vom anderen Prüfer geprüfte Teileinheit wesentlich für den Konzernabschluss ist. Weiter ist zu berücksichtigen, welche fachliche Kompetenz der andere Abschlussprüfer hat. Dabei darf der Konzernabschlussprüfer die fachliche Kompetenz als gegeben annehmen, wenn der Prüfer der Teileinheit seinen Sitz in der EU, dem europäischen Wirtschaftsraum (EWR) oder der Schweiz hat.

Bei Prüfern in einem Drittstaat kann die fachliche Kompetenz unterstellt werden, wenn sie nach § 134 Abs. 4 WPO registriert sind, und die Gleichwertigkeit durch das Bundesministerium für Wirtschaft und Technologie oder von der Europäischen Kommission festgestellt worden ist.

Dokumentation der Überprüfung

Der Konzernabschlussprüfer muss die Überprüfung der Arbeit des Abschlussprüfers der Teileinheit dokumentieren. Unter Umständen muss er der Wirtschaftsprüferkammer die Arbeitspapiere über die Überprüfung der Arbeit der Prüfer mit Sitz im Drittstaat, die nicht nach § 134 Abs. 4 WPO registriert sind, vorlegen.

Von diesen Regelungen sind die Jahresabschlüsse für das nach dem 31.12.2008 beginnende Geschäftsjahr betroffen.

Internationale Prüfungsrichtlinien (ISA)

Nach § 317 Abs. 5 HGB sind künftig nicht mehr die IDW Prüfungsstandards anzuwenden, sondern die von der Europäischen Kommission angenommenen International Standards On Auditing (ISA). Das Bundesministerium der Justiz ist nach § 317 Abs. 6 HGB ermächtigt, durch Rechtsverordnung weitere Abschlussprüfungsanforderungen vorzuschreiben oder die Nichtanwendung von Teilen der internationalen Prüfungsstandards vorzugeben. Bisher hat das Bundesministerium der Justiz von dieser Möglichkeit nicht Gebrauch gemacht.

Einbindung der Wirtschaftsprüferkammern

Die Kündigung oder der Widerruf der Bestellung zum Abschlussprüfer kann nur unter den Voraussetzungen des § 318

Abs. 3 HGB (Widerruf) oder aufgrund einer Kündigung des Wirtschaftsprüfers (§ 318 Abs. 6 HGB) erfolgen.

Nach § 318 Abs. 8 HGB ist künftig die Wirtschaftsprüferkammer unverzüglich und mit einer schriftlichen Begründung durch den Abschlussprüfer und die gesetzlichen Vertreter der geprüften Gesellschaft von der Kündigung oder dem Widerruf des Prüfungsauftrags zu unterrichten. Damit soll der Wirtschaftsprüferkammer Gelegenheit gegeben werden, zu prüfen, ob die Auftragsbeendigung rechtmäßig, das heißt, nur unter den Voraussetzungen der §§ 318 Abs. 3 HGB und 318 Abs. 6 HGB erfolgt ist.

Bestellung eines neuen Abschlussprüfers

Das Unternehmen kann veranlassen, dass gerichtlich ein neuer Abschlussprüfer bestellt wird, wenn ein Grund für die Kündigung in der Person des Abschlussprüfers vorliegt, insbesondere, wenn ein Grund vorliegt, der es dem Prüfer verbietet, die Prüfung durchzuführen (Ausschlussgrund).

Das Gericht muss, wenn der bestellte Prüfer dann nicht mehr prüfen kann oder will, gleichzeitig einen neuen Abschlussprüfer bestellen.

Nach dem neu angefügten § 320 Abs. 4 HGB muss der bisherige Abschlussprüfer dem neuen Abschlussprüfer auf schriftliche Anfrage über das Ergebnis der bisherigen Prüfung nur einen Bericht erstatten. Er ist nicht verpflichtet, dem neuen Prüfer Einsicht in seine Unterlagen zu gewähren.

Der Wirtschaftsprüfer seinerseits kann aufgrund einer Kündigung nach § 318 Abs. 6 HGB den Prüfungsauftrag beenden. Voraussetzung ist, dass ein wichtiger Grund vorliegt. Dieser ist beispielsweise dann gegeben, wenn der Mandant die fälligen Honorare nicht zahlt.

Auch in diesem Fall ist der Prüfer verpflichtet, über das Ergebnis der bisherigen Prüfung zu berichten.

Erweiterung der Rotationspflicht

Die bisherige Verpflichtung, dass ein Abschlussprüfer bei einem Unternehmen von öffentlichem Interesse eine Prüfung nicht acht Mal hintereinander durchführen und damit den Vermerk, dass geprüft wurde, unterschreiben darf, wird nun erweitert.

Gezählt wird nun nicht nur derjenige, der die Prüfung durchführt, sondern auch derjenige, der in der Prüfungsgesellschaft die Verantwortung trägt. Der verantwortliche und somit gegebenenfalls ausgeschlossene Abschlussprüfer wird nun im Gesetz folgendermaßen definiert:

- Der Prüfer, der den Bestätigungsvermerk unterzeichnet hat.
- Wer als Wirtschaftsprüfer von einer Wirtschaftsprüfungsgesellschaft als für die Durchführung einer Abschlussprüfung vorrangig verantwortlich bestimmt worden ist.
- Auf Konzernebene gilt nach § 319a Abs. 2 Satz 2 HGB auch, wer als Wirtschaftsprüfer auf der Ebene bedeutender Tochterunternehmen als für die Durchführung von deren Abschlussprüfung vorrangig verantwortlich bestimmt wurde.

Neu ist, dass eine Prüfung dann wieder möglich ist, wenn seit der letzten Prüfungshandlung zwei oder mehr Jahre vergangen sind. Bisher mussten drei oder mehr Jahre verstreichen, bevor der Ausschlussgrund weggefallen war.

Ausschlusspunkt: Netzwerk

Nach dem neu eingefügten § 319b HGB sind nun auch Abschlussprüfer von der Prüfung ausgeschlossen, wenn ein Mitglied ihres „Netzwerks" bestimmte Ausschlussgründe nach den §§ 319 und 319a HGB erfüllt.

Der Begriff des Netzwerks ist folgendermaßen definiert:

„Ein Netzwerk liegt vor, wenn Personen bei ihrer Berufsausübung zur Verfolgung gemeinsamer wirtschaftlicher Interessen für eine gewisse Dauer zusammenwirken."

Gemeint sind damit Zusammenschlüsse, die auf Kooperation ausgerichtet sind und das Ziel verfolgen, eine Gewinn- oder Kostenteilung herbeizuführen. Dabei kommt es nicht darauf an, dass es eine verfestigte rechtliche Struktur zwischen den Mitgliedern des Netzwerks gibt, es reicht vielmehr jegliche Form von Zusammenwirkung. Allerdings muss diese Zusammenarbeit auf Dauer angelegt sein, sodass ein einmaliges oder nur gelegentliches Zusammenarbeiten nicht ausreicht, ein Netzwerk i. S. d. § 319b HGB zu begründen.

Beispiel

Anzunehmen ist ein solches Netzwerk wohl immer dann, wenn eine gemeinsame Marke verwendet wird, die den Außenauftritt der beteiligten Personen deutlich bestimmt. Auch wenn der Begriff Netzwerk oder Network gegenüber Dritten verwendet wird, ist davon auszugehen, dass ein Netzwerk im Sinne der gesetzlichen Definition vorliegt.

Allerdings ist ein Zusammenwirken im Privatbereich nicht erfasst. Entscheidend ist lediglich ein Zusammenwirken im Zusammenhang mit der Berufsausübung.

Zu den Ausschlussgründen nach §§ 219 und 319a HGB sehen Sie bitte folgende Übersicht. Sie zeigt die möglichen Ausschlussgründe für ein Netzwerkmitglied und inwieweit diese Ausschlussgründe einen anderen – zum Netzwerk gehörenden – Abschlussprüfer von der Prüfung ausschließen können. Sie sehen zudem, ob eine Entlastung möglich ist.

Ausschlussgründe	Ausschluss von Netzwerk-mitgliedern	Entlas-tung möglich
Generalklausel: Befangenheit insbesondere wegen: – geschäftlicher Beziehungen – finanzieller Beziehungen – persönlicher Beziehungen	ja § 319b Abs. 1 Satz 1 HGB	ja
Anteilsbesitz u. Ä. (§ 319 Abs. 3 Nr. 1 HGB)	ja § 319b Abs. 1 Satz 1 HGB	ja
gesetzlicher Vertreter, Aufsichtsrat, Arbeitnehmer der zu prüfenden Gesellschaft (§ 319 Abs. 3 Nr. 2, 1. Variante HGB)	ja § 319b Abs. 1 Satz 1 HGB	ja

Ausschlussgründe	Ausschluss von Netzwerk-mitgliedern	Entlas-tung möglich
gesetzliche Vertreter, Aufsichtsrat, Arbeitnehmer eines Unternehmens, das mit der zu prüfenden Gesellschaft verbunden ist oder von der zu prüfenden Gesellschaft mehr als 20 % der Anteile besitzt (§ 319 Abs. 3 Nr. 2, 2. Variante HGB)	ja § 319b Abs. 1 Satz 1 HGB	ja
Mitwirkung bei: – Buchführung – Erstellung Jahresabschluss – interne Revision – Unternehmensleitung – Finanzdienstleistungen gegenüber dem zu prüfenden Unternehmen – Erstellung versicherungsmathematischer Gutachten Ausnahme: Mitwirkung war nur von untergeordneter Bedeutung (§ 319 Abs. 3 Nr. 3 HGB)	ja § 319b Abs. 1 Satz 2 HGB	nein
Beschäftigung einer Person, die unter § 319 Abs. 3 Nr. 1–3 HGB fällt (§ 319 Abs. 3 Nr. 4 HGB)	ja § 319b Abs. 1 Satz 1 HGB	ja
> 30 % des Gesamtumsatzes wird mit diesem Mandanten gemacht (§ 319 Abs. 3 Nr. 5 HGB)	kein Ausschluss	

Ausschlussgründe	Ausschluss von Netzwerk-mitgliedern	Entlas-tung möglich
Ehegatte oder Lebenspartner erfüllt Ausschlussgrund nach § 319 Abs. 3 Satz 1 Nr. 1, 2 oder 3 HGB (§ 319 Abs. 3 Satz 2 HGB)	ja § 319b Abs. 1 Satz 1 HGB	
Wirtschaftsprüfergesellschaften und Buchprüfungsgesellschaften, wenn ein Ausschlussgrund nach § 319 Abs. 2 oder Abs. 3 HGB besteht bei: – ihr selbst, – einem gesetzlichen Vertreter, – einem Gesellschafter, der mehr als 20 % der Stimmrechte besitzt, – einem verbundenen Unternehmen – einem Gesellschafter, der die Prüfungsergebnisse beeinflussen kann, einer von der Wirtschaftsprüfungs- oder Buchprüfungsgesellschaft beschäftigten Person, die Prüfungsergebnisse beeinflussen kann. (§ 319 Abs. 4 Satz 1, 1. Alternative HGB)	ja § 319b Abs. 1 Satz 1 HGB	ja
Wirtschaftsprüfungs- und Buchprüfungsgesellschaften, wenn ein Mitglied des Aufsichtsrats nach § 319 Abs. 3 Satz 1 Nr. 2 HGB ausgeschlossen ist (§ 319 Abs. 4 Satz 2 HGB)	ja § 319b Abs. 1 Satz 1 HGB	ja

Ausschlussgründe	Ausschluss von Netzwerkmitgliedern	Entlastung möglich
Wirtschaftsprüfungs- und Buchprüfungsgesellschaften, wenn mehrere Gesellschafter, die zusammen mehr als 20 % der Stimmrechte in der Wirtschaftsprüfungs- oder Buchprüfungsgesellschaft besitzen, jeweils einzeln oder zusammen nach § 319 Abs. 2 oder Abs. 3 HGB ausgeschlossen sind (§ 319 Abs. 4 Satz 2, 2. Alternative HGB)	ja § 319b Abs. 1 Satz 1 HGB	ja
Sonderfall: Ausschluss für Prüfung von kapitalmarktorientierten Unternehmen		
15 % des Gesamtumsatzes wird mit dem zu prüfenden Mandanten gemacht (§ 319a Abs. 1 Nr. 1 HGB)	kein Ausschluss	
Rechts und Steuerberatungsleistungen erbracht, die bestimmte Inhalte haben (§ 319a Abs. 1 Nr. 2 HGB)	ja § 319b Abs. 1 Satz 2 HGB	nein
Rechnungslegungssysteme mitentwickelt, eingeführt oder eingerichtet Ausnahme: Tätigkeit war nur von untergeordneter Bedeutung	ja § 319 Abs. 1 Satz 2 HGB	nein
Prüfungsverantwortung in sieben oder mehr Fällen (§ 319a Abs. 1 Nr. 4 HGB	kein Ausschlussgrund	

Wie in der Tabelle dargestellt, unterscheiden sich die Ausschlussgründe nach § 319b Abs. 1 Satz 1 HGB und § 319b Abs. 1 Satz 2 HGB darin, dass bei den Ausschlussgründen nach Satz 1 eine Entlastung möglich ist, wenn sich belegen lässt, dass das Netzwerkmitglied, bei dem ein Ausschlussgrund vorliegt, auf das Ergebnis der Abschlussprüfung keinen Einfluss nehmen kann. In diesem Fall ist der Abschlussprüfer dann nicht gehindert, die Abschlussprüfung durchzuführen.

Kann diese Entlastung nicht belegt werden, ist der Abschlussprüfer ausgeschlossen, auch wenn in seiner Person kein Ausschlussgrund vorliegt. Es kommt insoweit alleine darauf an, dass bei dem Netzwerkmitglied ein Ausschlussgrund vorliegt.

Bei den Ausschlussgründen, die § 319b Abs. 1 Satz 2 HGB anführt, ist eine Entlastung nicht möglich. Das heißt, immer dann, wenn bei einem Netzwerkmitglied einer der dort genannten Ausschlussgründe vorliegt, ist der Prüfer, der im konkreten Fall die Prüfung durchführen sollte, von der Prüfung ausgeschlossen, auch wenn in seiner Person selbst keine Ausschlussgründe vorliegen.

> Die in der Übersicht zusammengefassten Ausschlussgründe werden über § 319 Abs. 2 HGB auch auf die Abschlussprüfer des Konzernabschlusses ausgedehnt.

Anzuwenden sind die in der Übersicht genannten Ausschlussgründe erstmals auf Jahres- und Konzernabschlüsse für das nach dem 31.12.2008 beginnende Geschäftsjahr (Art. 66 Abs. 2 EGHGB).

Unabhängigkeitserklärung

Der neu eingefügte § 320 Abs. 4a HGB sieht vor, dass der Abschlussprüfer künftig in einem besonderen Teil des Prüfungsberichts seine Unabhängigkeit ausdrücklich zu bestätigen hat. Daher muss der Abschlussprüfer während der gesamten Prüfungsdauer seine fortbestehende Unabhängigkeit sicherstellen und dies auch überwachen. Die Vorschrift findet auf alle Abschlussprüfungen Anwendung.

Für die börsennotierten Gesellschaften enthält der Deutsche Corporate Governance Kodex zusätzlich eine Bestimmung, nach der der Aufsichtsrat bzw. Prüfungsausschuss bereits vor Unterbreitung des Vorschlags zur Wahl des Abschlussprüfers von ihm eine Unabhängigkeitserklärung einholen soll.

Wer klärt bei Auseinandersetzungen?

Das in den §§ 324 und 324a HGB geregelte Verfahren zur Bereinigung von Meinungsverschiedenheiten zwischen der Kapitalgesellschaft und dem Abschlussprüfer ist gestrichen worden, da es in der Praxis keine Relevanz hatte. Typischerweise werden derartige Auseinandersetzungen durch die berufsständischen Gremien entschieden und nicht durch Gerichte. Sollte sich hier keine Einigung erzielen lassen, steht der allgemeine Zivilrechtsweg zur Klärung derartiger Fragen weiterhin zur Verfügung.

Arbeitshilfe: Synopse

Nachfolgend finden Sie eine Gegenüberstellung des neuen Gesetzestextes und der Altregelungen. Sie dient Ihnen zum Nachlesen und Vergleichen der Regelungen, die im vorausgegangenen Text erläutert wurden.

Synopse der Alt- und Neuregelung

Altregelung	Neuregelung
Handelsbücher; Vorschriften für alle Kaufleute; Buchführung, Inventar	
	§ 241a Befreiung von der Pflicht zur Buchführung und Erstellung eines Inventars Einzelkaufleute, die an den Abschlussstichtagen von zwei aufeinander folgenden Geschäftsjahren nicht mehr als 500 000 Euro Umsatzerlöse und 50 000 Euro Jahresüberschuss aufweisen, brauchen die §§ 238 bis 241 nicht anzuwenden. Im Fall der Neugründung treten die Rechtsfolgen schon ein, wenn die Werte des Satzes 1 am ersten Abschlussstichtag nach der Neugründung nicht überschritten werden.
Ansatzvorschriften	
§ 246 HGB – Vollständigkeit. Verrechnungsverbot (1) Der Jahresabschluß hat sämtliche Vermögensgegenstände, Schulden, Rechnungsabgrenzungsposten, Aufwendungen und Erträge zu enthalten,	**§ 246 HGB – Vollständigkeit. Verrechnungsverbot** (1) Der Jahresabschluss hat sämtliche Vermögensgegenstände, Schulden, Rechnungsabgrenzungsposten sowie Aufwendungen und Erträge zu

Altregelung	Neuregelung
soweit gesetzlich nichts anderes bestimmt ist. Vermögensgegenstände, die unter Eigentumsvorbehalt erworben oder an Dritte für eigene oder fremde Verbindlichkeiten verpfändet oder in anderer Weise als Sicherheit übertragen worden sind, sind in die Bilanz des Sicherungsgebers aufzunehmen. In die Bilanz des Sicherungsnehmers sind sie nur aufzunehmen, wenn es sich um Bareinlagen handelt.	enthalten, soweit gesetzlich nichts anderes bestimmt ist. Vermögensgegenstände sind in der Bilanz des Eigentümers aufzunehmen; ist ein Vermögensgegenstand nicht dem Eigentümer, sondern einem anderen wirtschaftlich zuzurechnen, hat dieser ihn in seiner Bilanz auszuweisen. Schulden sind in die Bilanz des Schuldners aufzunehmen. Der Unterschiedsbetrag, um den die für die Übernahme eines Unternehmens bewirkte Gegenleistung den Wert der einzelnen Vermögensgegenstände des Unternehmens abzüglich der Schulden im Zeitpunkt der Übernahme übersteigt (entgeltlich erworbener Geschäfts- oder Firmenwert), gilt als zeitlich begrenzt nutzbarer Vermögensgegenstand.
(2) Posten der Aktivseite dürfen nicht mit Posten der Passivseite, Aufwendungen nicht mit Erträgen, Grundstücksrechte nicht mit Grundstückslasten verrechnet werden.	(2) Posten der Aktivseite dürfen nicht mit Posten der Passivseite, Aufwendungen nicht mit Erträgen, Grundstücksrechte nicht mit Grundstückslasten verrechnet werden. Vermögensgegenstände, die dem Zugriff aller übrigen Gläubiger entzogen sind und ausschließlich der

Altregelung	Neuregelung
	Erfüllung von Schulden aus Altersversorgungsverpflichtungen oder vergleichbaren langfristig fälligen Verpflichtungen dienen, sind mit diesen Schulden zu verrechnen; entsprechend ist mit den zugehörigen Aufwendungen und Erträgen aus der Abzinsung und aus dem zu verrechnenden Vermögen zu verfahren. Übersteigt der beizulegende Zeitwert der Vermögensgegenstände den Betrag der Schulden, ist der übersteigende Betrag unter einem gesonderten Posten zu aktivieren.
	(3) Die auf den vorhergehenden Jahresabschluss angewandten Ansatzmethoden sind beizubehalten. § 252 Abs. 2 ist entsprechend anzuwenden.
§ 248 Bilanzierungsverbote	**§ 248 Bilanzierungsverbote und -wahlrechte**
(1) Aufwendungen für die Gründung des Unternehmens und für die Beschaffung des Eigenkapitals dürfen in die Bilanz nicht als Aktivposten aufgenommen werden.	(1) In die Bilanz dürfen nicht als Aktivposten aufgenommen werden:

Altregelung	Neuregelung
(2) Für immaterielle Vermögensgegenstände des Anlagevermögens, die nicht entgeltlich erworben wurden, darf ein Aktivposten nicht angesetzt werden.	1. Aufwendungen für die Gründung eines Unternehmens,
(3) Aufwendungen für den Abschluß von Versicherungsverträgen dürfen nicht aktiviert werden.	2. Aufwendungen für die Beschaffung des Eigenkapitals und
	3. Aufwendungen für den Abschluss von Versicherungsverträgen.
	(2) Selbst geschaffene immaterielle Vermögensgegenstände des Anlagevermögens können als Aktivposten in die Bilanz aufgenommen werden. Nicht aufgenommen werden dürfen selbst geschaffene Marken, Drucktitel, Verlagsrechte, Kundenlisten oder vergleichbare immaterielle Vermögensgegenstände des Anlagevermögens.
Bewertungsvorschriften	
§ 253 HGB – Wertansätze der Vermögensgegenstände und Schulden	**§ 253 HGB – Zugangs- und Folgebewertung**
(1) Vermögensgegenstände sind höchstens mit den Anschaffungs- oder Herstellungskosten,	(1) Vermögensgegenstände sind höchstens mit den Anschaffungs- oder Herstellungskosten,

Altregelung	Neuregelung
vermindert um Abschreibungen nach den Absätzen 2 und 3 anzusetzen. Verbindlichkeiten sind zu ihrem Rückzahlungsbetrag,	vermindert um die Abschreibungen nach den Absätzen 3 bis 5, anzusetzen. Verbindlichkeiten sind zu ihrem Erfüllungsbetrag und Rückstellungen in Höhe des nach vernünftiger kaufmännischer Beurteilung notwendigen Erfüllungsbetrages anzusetzen. Soweit sich die Höhe von Altersversorgungsverpflichtungen ausschließlich nach dem beizulegenden Zeitwert von Wertpapieren im Sinn des § 266 Abs. 2 A. III. 5 bestimmt, sind Rückstellungen hierfür zum beizulegenden Zeitwert dieser Wertpapiere anzusetzen, soweit er einen garantierten Mindestbetrag übersteigt. Nach § 246 Abs. 2 Satz 2 zu verrechnende Vermögensgegenstände sind mit ihrem beizulegenden Zeitwert zu bewerten.
Rentenverpflichtungen, für die eine Gegenleistung nicht mehr zu erwarten ist, zu ihrem Barwert und Rückstellungen nur in Höhe des Betrags anzusetzen, der nach vernünftiger kaufmännischer Beurteilung notwendig ist; Rückstellungen dürfen nur abgezinst werden,	(2) Rückstellungen mit einer Restlaufzeit von mehr als einem Jahr sind mit dem ihrer Restlaufzeit entsprechenden durchschnittlichen Marktzinssatz der vergangenen sieben Geschäftsjahre abzuzinsen. Abweichend von Satz 1 dürfen Rückstellungen für Altersversorgungsver-

Altregelung	Neuregelung
soweit die ihnen zugrundeliegenden Verbindlichkeiten einen Zinsanteil enthalten.	pflichtungen oder vergleichbare langfristig fällige Verpflichtungen pauschal mit dem durchschnittlichen Marktzinssatz abgezinst werden, der sich bei einer angenommenen Restlaufzeit von 15 Jahren ergibt. Die Sätze 1 und 2 gelten entsprechend für auf Rentenverpflichtungen beruhende Verbindlichkeiten, für die eine Gegenleistung nicht mehr zu erwarten ist. Der nach den Sätzen 1 und 2 anzuwendende Abzinsungszinssatz wird von der Deutschen Bundesbank nach Maßgabe einer Rechtsverordnung ermittelt und monatlich bekannt gegeben. In der Rechtsverordnung nach Satz 4, die nicht der Zustimmung des Bundesrates bedarf, bestimmt das Bundesministerium der Justiz im Benehmen mit der Deutschen Bundesbank das Nähere zur Ermittlung der Abzinsungszinssätze, insbesondere die Ermittlungsmethodik und deren Grundlagen, sowie die Form der Bekanntgabe.
(2) Bei Vermögensgegenständen des Anlagevermögens, deren Nutzung zeitlich begrenzt ist,	(3) Bei Vermögensgegenständen des Anlagevermögens, deren Nutzung zeitlich begrenzt ist,

Altregelung	Neuregelung
sind die Anschaffungs- oder Herstellungskosten um planmäßige Abschreibungen zu vermindern. Der Plan muß die Anschaffungs- oder Herstellungskosten auf die Geschäftsjahre verteilen, in denen der Vermögensgegenstand voraussichtlich genutzt werden kann. Ohne Rücksicht darauf, ob ihre Nutzung zeitlich begrenzt ist, können bei Vermögensgegenständen des Anlagevermögens außerplanmäßige Abschreibungen vorgenommen werden, um die Vermögensgegenstände mit dem niedrigeren Wert anzusetzen, der ihnen am Abschlußstichtag beizulegen ist; sie sind vorzunehmen bei einer voraussichtlich dauernden Wertminderung.	sind die Anschaffungs- oder die Herstellungskosten um planmäßige Abschreibungen zu vermindern. Der Plan muss die Anschaffungs- oder Herstellungskosten auf die Geschäftsjahre verteilen, in denen der Vermögensgegenstand voraussichtlich genutzt werden kann. Ohne Rücksicht darauf, ob ihre Nutzung zeitlich begrenzt ist, sind bei Vermögensgegenständen des Anlagevermögens bei voraussichtlich dauernder Wertminderung außerplanmäßige Abschreibungen vorzunehmen, um diese mit dem niedrigeren Wert anzusetzen, der ihnen am Abschlussstichtag beizulegen ist. Bei Finanzanlagen können außerplanmäßige Abschreibungen auch bei voraussichtlich nicht dauernder Wertminderung vorgenommen werden.
(3) Bei Vermögensgegenständen des Umlaufvermögens sind Abschreibungen vorzunehmen, um diese mit einem niedrigeren Wert anzusetzen, der sich aus einem Börsen- oder Marktpreis am Abschlußstichtag ergibt. Ist ein Börsen- oder Marktpreis	(4) Bei Vermögensgegenständen des Umlaufvermögens sind Abschreibungen vorzunehmen, um diese mit einem niedrigeren Wert anzusetzen, der sich aus einem Börsen- oder Marktpreis am Abschlussstichtag ergibt. Ist ein Börsen- oder Marktpreis

Altregelung	Neuregelung
nicht festzustellen und übersteigen die Anschaffungs- oder Herstellungskosten den Wert, der den Vermögensgegenständen am Abschlußstichtag beizulegen ist, so ist auf diesen Wert abzuschreiben. Außerdem dürfen Abschreibungen vorgenommen werden, soweit diese nach vernünftiger kaufmännischer Beurteilung notwendig sind, um zu verhindern, daß in der nächsten Zukunft der Wertansatz dieser Vermögensgegenstände auf Grund von Wertschwankungen geändert werden muß.	nicht festzustellen und übersteigen die Anschaffungs- oder Herstellungskosten den Wert, der den Vermögensgegenständen am Abschlussstichtag beizulegen ist, so ist auf diesen Wert abzuschreiben.
(4) Abschreibungen sind außerdem im Rahmen vernünftiger kaufmännischer Beurteilung zulässig.	
(5) Ein niedrigerer Wertansatz nach Absatz 2 Satz 3, Absatz 3 oder 4 darf beibehalten werden, auch wenn die Gründe dafür nicht mehr bestehen.	(5) Ein niedrigerer Wertansatz nach Absatz 3 Satz 3 oder 4 und Absatz 4 darf nicht beibehalten werden, wenn die Gründe dafür nicht mehr bestehen. Ein niedrigerer Wertansatz eines entgeltlich erworbenen Geschäfts- oder Firmenwertes ist beizubehalten.

Altregelung	Neuregelung
Ergänzende Vorschriften für Kapitalgesellschaften (Aktiengesellschaften, Kommanditgesellschaften auf Aktien und Gesellschaften mit beschränkter Haftung) sowie bestimmte Personenhandelsgesellschaften; Jahresabschluss der Kapitalgesellschaft und Lagebericht; Allgemeine Vorschriften	
§ 264 HGB – Pflicht zur Aufstellung	**§ 264 HGB – Pflicht zur Aufstellung**
(1) Die gesetzlichen Vertreter einer Kapitalgesellschaft haben den Jahresabschluß (§ 242) um einen Anhang zu erweitern, der mit der Bilanz und der Gewinn- und Verlustrechnung eine Einheit bildet, sowie einen Lagebericht aufzustellen. Der Jahresabschluß und der Lagebericht sind von den gesetzlichen Vertretern in den ersten drei Monaten des Geschäftsjahrs für das vergangene Geschäftsjahr aufzustellen. Kleine Kapitalgesellschaften (§ 267 Abs. 1) brauchen den Lagebericht nicht aufzustellen; sie dürfen den Jahresabschluß auch später aufstellen, wenn dies einem ordnungsgemäßen Geschäftsgang entspricht, jedoch innerhalb der ersten sechs Monate des Geschäftsjahres.	(1) Die gesetzlichen Vertreter einer Kapitalgesellschaft haben den Jahresabschluß (§ 242) um einen Anhang zu erweitern, der mit der Bilanz und der Gewinn- und Verlustrechnung eine Einheit bildet, sowie einen Lagebericht aufzustellen. Die gesetzlichen Vertreter einer kapitalmarktorientierten Kapitalgesellschaft, die nicht zur Aufstellung eines Konzernabschlusses verpflichtet ist, haben den Jahresabschluss um eine Kapitalflussrechnung und einen Eigenkapitalspiegel zu erweitern, die mit der Bilanz, Gewinn- und Verlustrechnung und dem Anhang eine Einheit bilden; sie können den Jahresabschluss um eine Segmentberichterstattung erweitern. Der Jahresabschluß und der Lagebericht sind von den gesetzlichen Vertretern in den

Altregelung	Neuregelung
	ersten drei Monaten des Geschäftsjahrs für das vergangene Geschäftsjahr aufzustellen. Kleine Kapitalgesellschaften (§ 267 Abs. 1) brauchen den Lagebericht nicht aufzustellen; sie dürfen den Jahresabschluß auch später aufstellen, wenn dies einem ordnungsgemäßen Geschäftsgang entspricht, jedoch innerhalb der ersten sechs Monate des Geschäftsjahres. **§ 264d Kapitalmarktorientierte Kapitalgesellschaft** Eine Kapitalgesellschaft ist kapitalmarktorientiert, wenn sie einen organisierten Markt im Sinn des § 2 Abs. 5 des Wertpapierhandelsgesetzes durch von ihr ausgegebene Wertpapiere im Sinn des § 2 Abs. 1 Satz 1 des Wertpapierhandelsgesetzes in Anspruch nimmt oder die Zulassung solcher Wertpapiere zum Handel an einem organisierten Markt beantragt hat.
Bilanz	
§ 267 HGB – Umschreibung der Größenklassen (1) Kleine Kapitalgesellschaften sind solche, die mindes-	**§ 267 HGB – Umschreibung der Größenklassen** (1) Kleine Kapitalgesellschaften sind solche, die mindes-

Altregelung	Neuregelung
tens zwei der drei nachstehenden Merkmale nicht überschreiten:	tens zwei der drei nachstehenden Merkmale nicht überschreiten:
1. 4 015 000 Euro Bilanzsumme nach Abzug eines auf der Aktivseite ausgewiesenen Fehlbetrags (§ 268 Abs. 3).	1. 4 840 000 Euro Bilanzsumme nach Abzug eines auf der Aktivseite ausgewiesenen Fehlbetrags (§ 268 Abs. 3).
2. 8 030 000 Euro Umsatzerlöse in den zwölf Monaten vor dem Abschlußstichtag.	2. 9 680 000 Euro Umsatzerlöse in den zwölf Monaten vor dem Abschlußstichtag.
3. Im Jahresdurchschnitt fünfzig Arbeitnehmer.	3. Im Jahresdurchschnitt fünfzig Arbeitnehmer.
(2) Mittelgroße Kapitalgesellschaften sind solche, die mindestens zwei der drei in Absatz 1 bezeichneten Merkmale überschreiten und jeweils mindestens zwei der drei nachstehenden Merkmale nicht überschreiten:	(2) Mittelgroße Kapitalgesellschaften sind solche, die mindestens zwei der drei in Absatz 1 bezeichneten Merkmale überschreiten und jeweils mindestens zwei der drei nachstehenden Merkmale nicht überschreiten:
1. 16 060 000 Euro Bilanzsumme nach Abzug eines auf der Aktivseite ausgewiesenen Fehlbetrags (§ 268 Abs. 3).	1. 19 250 000 Euro Bilanzsumme nach Abzug eines auf der Aktivseite ausgewiesenen Fehlbetrags (§ 268 Abs. 3).
2. 32 120 000 Euro Umsatzerlöse in den zwölf Monaten vor dem Abschlußstichtag.	2. 38 500 000 Euro Umsatzerlöse in den zwölf Monaten vor dem Abschlußstichtag.
3. Im Jahresdurchschnitt zweihundertfünfzig Arbeitnehmer.	3. Im Jahresdurchschnitt zweihundertfünfzig Arbeitnehmer.
(3) Große Kapitalgesellschaften sind solche, die mindes-	(3) Große Kapitalgesellschaften sind solche, die mindes-

Altregelung	Neuregelung
tens zwei der drei in Absatz 2 bezeichneten Merkmale überschreiten. Eine Kapitalgesellschaft gilt stets als große, wenn sie einen organisierten Markt im Sinne des § 2 Abs. 5 des Wertpapierhandelsgesetzes durch von ihr ausgegebene Wertpapiere im Sinne des § 2 Abs. 1 Satz 1 des Wertpapierhandelsgesetzes in Anspruch nimmt oder die Zulassung zum Handel an einem organisierten Markt beantragt worden ist.	tens zwei der drei in Absatz 2 bezeichneten Merkmale überschreiten. Eine Kapitalgesellschaft im Sinn des § 264d gilt stets als große.
(4) Die Rechtsfolgen der Merkmale nach den Absätzen 1 bis 3 Satz 1 treten nur ein, wenn sie an den Abschlußstichtagen von zwei aufeinanderfolgenden Geschäftsjahren über- oder unterschritten werden. Im Falle der Umwandlung oder Neugründung treten die Rechtsfolgen schon ein, wenn die Voraussetzungen des Absatzes 1, 2 oder 3 am ersten Abschlußstichtag nach der Umwandlung oder Neugründung vorliegen.	(4) Die Rechtsfolgen der Merkmale nach den Absätzen 1 bis 3 Satz 1 treten nur ein, wenn sie an den Abschlußstichtagen von zwei aufeinanderfolgenden Geschäftsjahren über- oder unterschritten werden. Im Falle der Umwandlung oder Neugründung treten die Rechtsfolgen schon ein, wenn die Voraussetzungen des Absatzes 1, 2 oder 3 am ersten Abschlußstichtag nach der Umwandlung oder Neugründung vorliegen.
(5) Als durchschnittliche Zahl der Arbeitnehmer gilt der vierte	(5) Als durchschnittliche Zahl der Arbeitnehmer gilt der vierte

Altregelung	Neuregelung
Teil der Summe aus den Zahlen der jeweils am 31. März, 30. Juni, 30. September und 31. Dezember beschäftigten Arbeitnehmer einschließlich der im Ausland beschäftigten Arbeitnehmer, jedoch ohne die zu ihrer Berufsausbildung Beschäftigten.	Teil der Summe aus den Zahlen der jeweils am 31. März, 30. Juni, 30. September und 31. Dezember beschäftigten Arbeitnehmer einschließlich der im Ausland beschäftigten Arbeitnehmer, jedoch ohne die zu ihrer Berufsausbildung Beschäftigten.
(6) Informations- und Auskunftsrechte der Arbeitnehmervertretungen nach anderen Gesetzen bleiben unberührt.	(6) Informations- und Auskunftsrechte der Arbeitnehmervertretungen nach anderen Gesetzen bleiben unberührt.
§ 272 HGB – Eigenkapital	**§ 272 HGB – Eigenkapital**
(1) Gezeichnetes Kapital ist das Kapital, auf das die Haftung der Gesellschafter für die Verbindlichkeiten der Kapitalgesellschaft gegenüber den Gläubigern beschränkt ist. Die ausstehenden Einlagen auf das gezeichnete Kapital sind auf der Aktivseite vor dem Anlagevermögen gesondert auszuweisen und entsprechend zu bezeichnen; die davon eingeforderten Einlagen sind zu vermerken. Die nicht eingeforderten ausstehenden Einlagen dürfen auch von dem Posten „Gezeichnetes Kapital" offen abgesetzt werden; in diesem Falle ist der verbleibende	(1) Gezeichnetes Kapital ist das Kapital, auf das die Haftung der Gesellschafter für die Verbindlichkeiten der Kapitalgesellschaft gegenüber den Gläubigern beschränkt ist. Es ist mit dem Nennbetrag anzusetzen. Die nicht eingeforderten ausstehenden Einlagen auf das gezeichnete Kapital sind von dem Posten „Gezeichnetes Kapital" offen abzusetzen; der verbleibende Betrag ist als Posten „Eingefordertes Kapital" in der Hauptspalte der Passivseite auszuweisen; der eingeforderte, aber noch nicht eingezahlte Betrag ist unter den Forderun-

Altregelung	Neuregelung
Betrag als Posten „Eingefordertes Kapital" in der Hauptspalte der Passivseite auszuweisen und ist außerdem der eingeforderte, aber noch nicht eingezahlte Betrag unter den Forderungen gesondert auszuweisen und entsprechend zu bezeichnen.	gen gesondert auszuweisen und entsprechend zu bezeichnen.
Der Nennbetrag oder, falls ein solcher nicht vorhanden ist, der rechnerische Wert von nach § 71 Abs. 1 Nr. 6 oder 8 des Aktiengesetzes zur Einziehung erworbenen Aktien ist in der Vorspalte offen von dem Posten "Gezeichnetes Kapital" als Kapitalrückzahlung abzusetzen. Ist der Erwerb der Aktien nicht zur Einziehung erfolgt, ist Satz 4 auch anzuwenden, soweit in dem Beschluß über den Rückkauf die spätere Veräußerung von einem Beschluß der Hauptversammlung in entsprechender Anwendung des § 182 Abs. 1 Satz 1 des Aktiengesetzes abhängig gemacht worden ist.	(1a) Der Nennbetrag oder, falls ein solcher nicht vorhanden ist, der rechnerische Wert von erworbenen eigenen Anteilen ist in der Vorspalte offen von dem Posten „Gezeichnetes Kapital" abzusetzen. Der Unterschiedsbetrag zwischen dem Nennbetrag oder dem rechnerischen Wert und den Anschaffungskosten der eigenen Anteile ist mit den frei verfügbaren Rücklagen zu verrechnen. Aufwendungen, die Anschaffungsnebenkosten sind, sind Aufwand des Geschäftsjahrs.
Wird der Nennbetrag oder der rechnerische Wert von Aktien nach Satz 4 abgesetzt, ist der Unterschiedsbetrag dieser Aktien zwischen ihrem Nennbetrag	(1b) Nach der Veräußerung der eigenen Anteile entfällt der Ausweis nach Absatz 1a Satz 1. Ein den Nennbetrag oder den rechnerischen Wert überstei-

Altregelung	Neuregelung
oder dem rechnerischen Wert und ihrem Kaufpreis mit den anderen Gewinnrücklagen (§ 266 Abs. 3 A.III.4.) zu verrechnen; weitergehende Anschaffungskosten sind als Aufwand des Geschäftsjahres zu berücksichtigen.	gender Differenzbetrag aus dem Veräußerungserlös ist bis zur Höhe des mit den frei verfügbaren Rücklagen verrechneten Betrages in die jeweiligen Rücklagen einzustellen. Ein darüber hinausgehender Differenzbetrag ist in die Kapitalrücklage gemäß Absatz 2 Nr. 1 einzustellen. Die Nebenkosten der Veräußerung sind Aufwand des Geschäftsjahrs.
(2) Als Kapitalrücklage sind auszuweisen	(2) Als Kapitalrücklage sind auszuweisen
1. der Betrag, der bei der Ausgabe von Anteilen einschließlich von Bezugsanteilen über den Nennbetrag oder, falls ein Nennbetrag nicht vorhanden ist, über den rechnerischen Wert hinaus erzielt wird;	1. der Betrag, der bei der Ausgabe von Anteilen einschließlich von Bezugsanteilen über den Nennbetrag oder, falls ein Nennbetrag nicht vorhanden ist, über den rechnerischen Wert hinaus erzielt wird;
2. der Betrag, der bei der Ausgabe von Schuldverschreibungen für Wandlungsrechte und Optionsrechte zum Erwerb von Anteilen erzielt wird;	2. der Betrag, der bei der Ausgabe von Schuldverschreibungen für Wandlungsrechte und Optionsrechte zum Erwerb von Anteilen erzielt wird;
3. der Betrag von Zuzahlungen, die Gesellschafter gegen Gewährung eines Vorzugs für ihre Anteile leisten;	3. der Betrag von Zuzahlungen, die Gesellschafter gegen Gewährung eines Vorzugs für ihre Anteile leisten;

Altregelung	Neuregelung
4. der Betrag von anderen Zuzahlungen, die Gesellschafter in das Eigenkapital leisten.	4. der Betrag von anderen Zuzahlungen, die Gesellschafter in das Eigenkapital leisten.
(3) Als Gewinnrücklagen dürfen nur Beträge ausgewiesen werden, die im Geschäftsjahr oder in einem früheren Geschäftsjahr aus dem Ergebnis gebildet worden sind. Dazu gehören aus dem Ergebnis zu bildende gesetzliche oder auf Gesellschaftsvertrag oder Satzung beruhende Rücklagen und andere Gewinnrücklagen.	(3) Als Gewinnrücklagen dürfen nur Beträge ausgewiesen werden, die im Geschäftsjahr oder in einem früheren Geschäftsjahr aus dem Ergebnis gebildet worden sind. Dazu gehören aus dem Ergebnis zu bildende gesetzliche oder auf Gesellschaftsvertrag oder Satzung beruhende Rücklagen und andere Gewinnrücklagen.
(4) In eine Rücklage für eigene Anteile ist ein Betrag einzustellen, der dem auf der Aktivseite der Bilanz für die eigenen Anteile anzusetzenden Betrag entspricht. Die Rücklage darf nur aufgelöst werden, soweit die eigenen Anteile ausgegeben, veräußert oder eingezogen werden oder soweit nach § 253 Abs. 3 auf der Aktivseite ein niedrigerer Betrag angesetzt wird. Die Rücklage, die bereits bei der Aufstellung der Bilanz vorzunehmen ist, darf aus vorhandenen Gewinnrücklagen gebildet werden, soweit diese frei verfügbar sind. Die Rücklage nach	(4) Für Anteile an einem herrschenden oder mit Mehrheit beteiligten Unternehmen ist eine Rücklage zu bilden. In die Rücklage ist ein Betrag einzustellen, der dem auf der Aktivseite der Bilanz für die Anteile an dem herrschenden oder mit Mehrheit beteiligten Unternehmen angesetzten Betrag entspricht. Die Rücklage, die bereits bei der Aufstellung der Bilanz zu bilden ist, darf aus vorhandenen frei verfügbaren Rücklagen gebildet werden. Die Rücklage ist aufzulösen, soweit die Anteile an dem herrschenden oder mit Mehrheit beteiligten Unter-

Altregelung	Neuregelung
Satz 1 ist auch für Anteile eines herrschenden oder eines mit Mehrheit beteiligten Unternehmens zu bilden.	nehmen veräußert, ausgegeben oder eingezogen werden oder auf der Aktivseite ein niedrigerer Betrag angesetzt wird.
§ 274 Steuerabgrenzung	**§ 274 Latente Steuern**
(1) Ist der dem Geschäftsjahr und früheren Geschäftsjahren zuzurechnende Steueraufwand zu niedrig, weil der nach den steuerrechtlichen Vorschriften zu versteuernde Gewinn niedriger als das handelsrechtliche Ergebnis ist, und gleicht sich der zu niedrige Steueraufwand des Geschäftsjahrs und früherer Geschäftsjahre in späteren Geschäftsjahren voraussichtlich aus, so ist in Höhe der voraussichtlichen Steuerbelastung nachfolgender Geschäftsjahre eine Rückstellung nach § 249 Abs. 1 Satz 1 zu bilden und in der Bilanz oder im Anhang gesondert anzugeben. Die Rückstellung ist aufzulösen, sobald die höhere Steuerbelastung eintritt oder mit ihr voraussichtlich nicht mehr zu rechnen ist.	(1) Bestehen zwischen den handelsrechtlichen Wertansätzen von Vermögensgegenständen, Schulden und Rechnungsabgrenzungsposten und ihren steuerlichen Wertansätzen Differenzen, die sich in späteren Geschäftsjahren voraussichtlich abbauen, so ist eine sich daraus insgesamt ergebende Steuerbelastung als passive latente Steuern (§ 266 Abs. 3 E.) in der Bilanz anzusetzen. Eine sich daraus insgesamt ergebende Steuerentlastung kann als aktive latente Steuern (§ 266 Abs. 2 D.) in der Bilanz angesetzt werden. Die sich ergebende Steuerbe- und die sich ergebende Steuerentlastung können auch unverrechnet angesetzt werden. Steuerliche Verlustvorträge sind bei der Berechnung aktiver latenter Steuern in Höhe der innerhalb der nächsten fünf Jahre zu erwartenden Verlustverrechnung zu berücksichtigen.

Altregelung	Neuregelung
(2) Ist der dem Geschäftsjahr und früheren Geschäftsjahren zuzurechnende Steueraufwand zu hoch, weil der nach den steuerrechtlichen Vorschriften zu versteuernde Gewinn höher als das handelsrechtliche Ergebnis ist, und gleicht sich der zu hohe Steueraufwand des Geschäftsjahrs und früherer Geschäftsjahre in späteren Geschäftsjahren voraussichtlich aus, so darf in Höhe der voraussichtlichen Steuerentlastung nachfolgender Geschäftsjahre ein Abgrenzungsposten als Bilanzierungshilfe auf der Aktivseite der Bilanz gebildet werden. Dieser Posten ist unter entsprechender Bezeichnung gesondert auszuweisen und im Anhang zu erläutern. Wird ein solcher Posten ausgewiesen, so dürfen Gewinne nur ausgeschüttet werden, wenn die nach der Ausschüttung verbleibenden jederzeit auflösbaren Gewinnrücklagen zuzüglich eines Gewinnvortrags und abzüglich eines Verlustvortrags dem angesetzten Betrag mindestens entsprechen. Der Betrag ist aufzulösen, sobald die Steuerentlas-	(2) Die Beträge der sich ergebenden Steuerbe- und -entlastung sind mit den unternehmensindividuellen Steuersätzen im Zeitpunkt des Abbaus der Differenzen zu bewerten und nicht abzuzinsen. Die ausgewiesenen Posten sind aufzulösen, sobald die Steuerbe- oder -entlastung eintritt oder mit ihr nicht mehr zu rechnen ist. Der Aufwand oder Ertrag aus der Veränderung bilanzierter latenter Steuern ist in der Gewinn- und Verlustrechnung gesondert unter dem Posten „Steuern vom Einkommen und vom Ertrag" auszuweisen.

Altregelung	Neuregelung
tung eintritt oder mit ihr voraussichtlich nicht mehr zu rechnen ist.	
Anhang	
§ 285 HGB – Sonstige Pflichtangaben	**§ 285 HGB – Sonstige Pflichtangaben**
Ferner sind im Anhang anzugeben:	Ferner sind im Anhang anzugeben:
2. die Aufgliederung der in Nummer 1 verlangten Angaben für jeden Posten der Verbindlichkeiten nach dem vorgeschriebenen Gliederungsschema, sofern sich diese Angaben	2. die Aufgliederung der in Nummer 1 verlangten Angaben für jeden Posten der Verbindlichkeiten nach dem vorgeschriebenen Gliederungsschema;
nicht aus der Bilanz ergeben;	3. Art und Zweck sowie Risiken und Vorteile von nicht in der Bilanz enthaltenen Geschäften, soweit dies für die Beurteilung der Finanzlage notwendig ist;
3. der Gesamtbetrag der sonstigen finanziellen Verpflichtungen, die nicht in der Bilanz erscheinen und auch nicht nach § 251	3a. der Gesamtbetrag der sonstigen finanziellen Verpflichtungen, die nicht in der Bilanz enthalten und nicht nach § 251
anzugeben sind, sofern	oder Nummer 3 anzugeben sind, sofern
diese Angabe für die Beurteilung der Finanzlage von Bedeutung ist; davon sind Verpflichtungen gegenüber verbundenen	diese Angabe für die Beurteilung der Finanzlage von Bedeutung ist; davon sind Verpflichtungen gegenüber verbundenen

Altregelung	Neuregelung
Unternehmen gesondert anzugeben;	Unternehmen gesondert anzugeben;
13. bei Anwendung des § 255 Abs. 4 Satz 3 die Gründe für die planmäßige Abschreibung des Geschäfts- oder Firmenwerts;	13. die Gründe, welche die Annahme einer betrieblichen Nutzungsdauer eines entgeltlich erworbenen Geschäfts- oder Firmenwertes von mehr als fünf Jahren rechtfertigen;
16. dass die nach § 161 des Aktiengesetzes vorgeschriebene Erklärung abgegeben und den Aktionären zugänglich gemacht worden ist;	16. dass die nach § 161 des Aktiengesetzes vorgeschriebene Erklärung abgegeben und wo sie öffentlich zugänglich gemacht worden ist;
17. soweit es sich um ein Unternehmen handelt, das einen organisierten Markt im Sinne des § 2 Abs. 5 des Wertpapierhandelsgesetzes in Anspruch nimmt, für den Abschlussprüfer im Sinne des § 319 Abs. 1 Satz 1, 2 das im Geschäftsjahr als Aufwand erfasste Honorar für	17. das von dem Abschlussprüfer für das Geschäftsjahr berechnete Gesamthonorar, aufgeschlüsselt in das Honorar für
a) die Abschlussprüfung,	a) die Abschlussprüfungsleistungen,
b) sonstige Bestätigungs- oder Bewertungsleistungen,	b) andere Bestätigungsleistungen,
c) Steuerberatungsleistungen,	c) Steuerberatungsleistungen,
d) sonstige Leistungen;	d) sonstige Leistungen,
18. für jede Kategorie derivativer Finanzinstrumente	

Altregelung	Neuregelung
a) Art und Umfang der Finanzinstrumente,	
b) der beizulegende Zeitwert der betreffenden Finanzinstrumente, soweit sich dieser gemäß den Sätzen 3 bis 5 verlässlich ermitteln lässt, unter Angabe der angewandten Bewertungsmethode sowie eines gegebenenfalls vorhandenen Buchwerts und des Bilanzpostens, in welchem der Buchwert erfasst ist;	soweit die Angaben nicht in einem das Unternehmen einbeziehenden Konzernabschluss enthalten sind;
19. für zu den Finanzanlagen (§ 266 Abs. 2 A. III.) gehörende Finanzinstrumente, die über ihrem beizulegenden Zeitwert ausgewiesen werden, da insoweit eine außerplanmäßige Abschreibung gemäß § 253 Abs. 2 Satz 3 unterblieben ist:	18. für zu den Finanzanlagen (§ 266 Abs. 2 A. III.) gehörende Finanzinstrumente, die über ihrem beizulegenden Zeitwert ausgewiesen werden, da eine außerplanmäßige Abschreibung nach § 253 Abs. 3 Satz 4 unterblieben ist,
a) der Buchwert und der beizulegende Zeitwert der einzelnen Vermögensgegenstände oder angemessener Gruppierungen sowie	a) der Buchwert und der beizulegende Zeitwert der einzelnen Vermögensgegenstände oder angemessener Gruppierungen sowie
b) die Gründe für das Unterlassen einer Abschreibung gemäß § 253 Abs. 2 Satz 3 einschließlich der Anhaltspunkte, die dar-	b) die Gründe für das Unterlassen der Abschreibung einschließlich der Anhaltspunkte, die darauf hindeuten, dass die

Altregelung	Neuregelung
auf hindeuten, dass die Wertminderung voraussichtlich nicht von Dauer ist.	Wertminderung voraussichtlich nicht von Dauer ist;
Als derivative Finanzinstrumente im Sinne des Satzes 1 Nr. 18	19. für jede Kategorie nicht zum beizulegenden Zeitwert bilanzierter derivativer Finanzinstrumente
	a) deren Art und Umfang,
gelten auch Verträge über den Erwerb oder die Veräußerung von Waren, bei denen jede der Vertragsparteien zur Abgeltung	b) deren beizulegender Zeitwert, soweit er sich nach § 255 Abs. 4 verlässlich ermitteln lässt, unter Angabe der angewandten Bewertungsmethode,
in bar oder durch ein anderes Finanzinstrument berechtigt ist, es sei denn,	c) deren Buchwert und der Bilanzposten, in welchem der Buchwert, soweit vorhanden, erfasst ist, sowie
der Vertrag wurde geschlossen, um einen	d) die Gründe dafür, warum der beizulegende Zeitwert nicht bestimmt werden kann;
	20. für gemäß § 340e Abs. 3 Satz 1 mit dem beizulegenden Zeitwert bewertete Finanzinstrumente
	a) die grundlegenden Annahmen, die der Bestimmung des beizulegenden Zeitwertes mit Hilfe allgemein anerkannter Bewertungsmethoden zugrunde gelegt wurden, sowie

Altregelung	Neuregelung
für den Erwerb,	b) Umfang und Art jeder Kategorie derivativer Finanzinstrumente einschließlich der wesentlichen Bedingungen, welche die Höhe, den Zeitpunkt und die Sicherheit künftiger Zahlungsströme beeinflussen können;
die Veräußerung oder den eigenen Gebrauch erwarteten Bedarf abzusichern, sofern diese Zweckwidmung von Anfang an bestand und	21. zumindest die nicht zu marktüblichen Bedingungen zustande gekommenen Geschäfte, soweit sie wesentlich sind, mit nahe stehenden Unternehmen und Personen, einschließlich Angaben zur Art der Beziehung, zum Wert der Geschäfte sowie weiterer Angaben, die für die Beurteilung der Finanzlage notwendig sind; ausgenommen sind Geschäfte mit und zwischen mittel- oder unmittelbar in 100-prozentigem Anteilsbesitz stehenden in einen Konzernabschluss einbezogenen Unternehmen; Angaben über Geschäfte können nach Geschäftsarten zusammengefasst werden, sofern die getrennte Angabe für die Beurteilung der Auswirkungen auf die Finanzlage nicht notwendig ist;

Altregelung	Neuregelung
nach wie vor besteht	22. im Fall der Aktivierung nach § 248 Abs. 2 der Gesamtbetrag der Forschungs- und Entwicklungskosten des Geschäftsjahrs sowie der davon auf die selbst geschaffenen immateriellen Vermögensgegenstände des Anlagevermögens entfallende Betrag;
	23. bei Anwendung des § 254,
und der Vertrag mit	a) mit welchem Betrag jeweils Vermögensgegenstände, Schulden, schwebende Geschäfte und mit hoher Wahrscheinlichkeit vorgesehene Transaktionen zur Absicherung welcher Risiken in welche Arten von Bewertungseinheiten einbezogen sind sowie die Höhe der mit Bewertungseinheiten abgesicherten Risiken,
der Lieferung der Ware als erfüllt gilt. Der beizulegende Zeitwert	b) für die jeweils abgesicherten Risiken, warum, in welchem Umfang und für welchen Zeitraum sich die gegenläufigen Wertänderungen oder Zahlungsströme künftig voraussichtlich ausgleichen einschließlich der Methode der Ermittlung,
	c) eine Erläuterung der mit hoher Wahrscheinlichkeit erwarteten Transaktionen, die in Bewer-

Altregelung	Neuregelung
	tungseinheiten einbezogen wurden,
im Sinne des Satzes 1 Nr. 18 Buchstabe b, Nr. 19	soweit die Angaben nicht im Lagebericht gemacht werden;
entspricht dem Marktwert, sofern ein solcher ohne weiteres verlässlich feststellbar ist.	24. zu den Rückstellungen für Pensionen und ähnliche Verpflichtungen das angewandte versicherungsmathematische Berechnungsverfahren sowie die grundlegenden Annahmen der Berechnung, wie Zinssatz, erwartete Lohn- und Gehaltssteigerungen und zugrunde gelegte Sterbetafeln;
Ist dies nicht der Fall, so ist der beizulegende Zeitwert, sofern dies möglich ist, aus den Marktwerten der einzelnen Bestandteile	25. im Fall der Verrechnung von Vermögensgegenständen und Schulden nach § 246 Abs. 2 Satz 2 die Anschaffungskosten und der beizulegende Zeitwert der verrechneten Vermögensgegenstände, der Erfüllungsbetrag der verrechneten Schulden sowie die verrechneten Aufwendungen und Erträge; Nummer 20 Buchstabe a ist entsprechend anzuwenden;
des Finanzinstruments oder aus dem Marktwert eines gleichwertigen Finanzinstruments abzuleiten, anderenfalls mit Hilfe allgemein anerkannter Bewertungsmodelle und -	26. zu Anteilen oder Anlageaktien an inländischen Investmentvermögen im Sinn des § 1 des Investmentgesetzes oder vergleichbaren ausländischen Investmentanteilen im Sinn des

Altregelung	Neuregelung
methoden zu bestimmen, sofern diese eine angemessene Annäherung an den Marktwert gewährleisten. Bei der Anwendung allgemein anerkannter Bewertungsmodelle und -methoden sind die tragenden Annahmen anzugeben, die jeweils	§ 2 Abs. 9 des Investmentgesetzes von mehr als dem zehnten Teil, aufgegliedert nach Anlagezielen, deren Wert im Sinn des § 36 des Investmentgesetzes oder vergleichbarer ausländischer Vorschriften über die Ermittlung des Marktwertes, die Differenz zum Buchwert und die für das Geschäftsjahr erfolgte Ausschüttung sowie Beschränkungen in der Möglichkeit der täglichen Rückgabe; darüber hinaus die Gründe dafür, dass eine Abschreibung gemäß § 253 Abs. 3 Satz 4 unterblieben ist, einschließlich der Anhaltspunkte, die darauf hindeuten, dass die Wertminderung voraussichtlich nicht von Dauer ist; Nummer 18 ist insoweit nicht anzuwenden;
der Bestimmung des beizulegenden Zeitwerts zugrunde gelegt wurden.	27. für nach § 251 unter der Bilanz oder nach § 268 Abs. 7 Halbsatz 1 im Anhang ausgewiesene Verbindlichkeiten und Haftungsverhältnisse die Gründe der Einschätzung des Risikos der Inanspruchnahme;
Kann der beizulegende Zeitwert nicht bestimmt werden, sind	28. der Gesamtbetrag der Beträge im Sinn des § 268 Abs. 8,

Altregelung	Neuregelung
	aufgegliedert in Beträge aus der Aktivierung selbst geschaffener immaterieller Vermögensgegenstände des Anlagevermögens, Beträge aus der Aktivierung latenter Steuern und aus der Aktivierung von Vermögensgegenständen zum beizulegenden Zeitwert;
die Gründe dafür anzugeben.	29. auf welchen Differenzen oder steuerlichen Verlustvorträgen die latenten Steuern beruhen und mit welchen Steuersätzen die Bewertung erfolgt ist.
Lagebericht	
§ 289 HGB – Lagebericht	**§ 289 HGB – Lagebericht**
(4) Aktiengesellschaften und Kommanditgesellschaften auf Aktien, die einen organisierten Markt im Sinne des § 2 Abs. 7 des Wertpapiererwerbs- und Übernahmegesetzes durch von ihnen ausgegebene stimmberechtigte Aktien in Anspruch nehmen, haben im Lagebericht anzugeben:	(4) Aktiengesellschaften und Kommanditgesellschaften auf Aktien, die einen organisierten Markt im Sinne des § 2 Abs. 7 des Wertpapiererwerbs- und Übernahmegesetzes durch von ihnen ausgegebene stimmberechtigte Aktien in Anspruch nehmen, haben im Lagebericht anzugeben:
1. die Zusammensetzung des gezeichneten Kapitals; bei verschiedenen Aktiengattungen sind für jede Gattung die damit verbundenen Rechte und Pflichten	1. die Zusammensetzung des gezeichneten Kapitals; bei verschiedenen Aktiengattungen sind für jede Gattung die damit verbundenen Rechte

Altregelung	Neuregelung
und der Anteil am Gesellschaftskapital anzugeben;	und Pflichten und der Anteil am Gesellschaftskapital anzugeben, soweit die Angaben nicht im Anhang zu machen sind;
3. direkte oder indirekte Beteiligungen am Kapital, die 10 vom Hundert der Stimmrechte überschreiten;	3. direkte oder indirekte Beteiligungen am Kapital, die 10 vom Hundert der Stimmrechte überschreiten, soweit die Angaben nicht im Anhang zu machen sind;
9. Entschädigungsvereinbarungen der Gesellschaft, die für den Fall eines Übernahmeangebots mit den Mitgliedern des Vorstands oder Arbeitnehmern getroffen sind.	9. Entschädigungsvereinbarungen der Gesellschaft, die für den Fall eines Übernahmeangebots mit den Mitgliedern des Vorstands oder Arbeitnehmern getroffen sind, soweit die Angaben nicht im Anhang zu machen sind.
	Sind Angaben nach Satz 1 im Anhang zu machen, ist im Lagebericht darauf zu verweisen.
	(5) Kapitalgesellschaften im Sinn des § 264d haben im Lagebericht die wesentlichen Merkmale des internen Kontroll- und des Risikomanagementsystems im Hinblick auf den Rechnungslegungsprozess zu beschreiben.
	§ 289a Erklärung zur Unternehmensführung
	(1) Börsennotierte Aktiengesellschaften sowie Aktiengesellschaften, die ausschließlich

Altregelung	Neuregelung
	andere Wertpapiere als Aktien zum Handel an einem organisierten Markt im Sinn des § 2 Abs. 5 des Wertpapierhandelsgesetzes ausgegeben haben und deren ausgegebene Aktien auf eigene Veranlassung über ein multilaterales Handelssystem im Sinn des § 2 Abs. 3 Satz 1 Nr. 8 des Wertpapierhandelsgesetzes gehandelt werden, haben eine Erklärung zur Unternehmensführung in ihren Lagebericht aufzunehmen, die dort einen gesonderten Abschnitt bildet. Sie kann auch auf der Internetseite der Gesellschaft öffentlich zugänglich gemacht werden. In diesem Fall ist in den Lagebericht eine Bezugnahme aufzunehmen, welche die Angabe der Internetseite enthält. (2) In die Erklärung zur Unternehmensführung sind aufzunehmen 1. die Erklärung gemäß § 161 des Aktiengesetzes; 2. relevante Angaben zu Unternehmensführungspraktiken, die über die gesetzlichen Anforderungen hinaus angewandt werden, nebst Hinweis,

Altregelung	Neuregelung
	wo sie öffentlich zugänglich sind; 3. eine Beschreibung der Arbeitsweise von Vorstand und Aufsichtsrat sowie der Zusammensetzung und Arbeitsweise von deren Ausschüssen; sind die Informationen auf der Internetseite der Gesellschaft öffentlich zugänglich, kann darauf verwiesen werden.
Konzernabschluss und Konzernlagebericht Anwendungsbereich	
§ 290 HGB – Pflicht zur Aufstellung (1) Stehen in einem Konzern die Unternehmen unter der einheitlichen Leitung einer Kapitalgesellschaft (Mutterunternehmen) mit Sitz im Inland und gehört dem Mutterunternehmen eine Beteiligung nach § 271 Abs. 1 an dem oder den anderen unter der einheitlichen Leitung stehenden Unternehmen (Tochterunternehmen), so haben die gesetzlichen Vertreter des Mutterunternehmens in den ersten fünf Monaten des Konzerngeschäftsjahrs für das vergangene Konzerngeschäftsjahr einen	**§ 290 HGB – Pflicht zur Aufstellung** (1) Die gesetzlichen Vertreter einer Kapitalgesellschaft (Mutterunternehmen) mit Sitz im Inland haben in den ersten fünf Monaten des Konzerngeschäftsjahrs für das vergangene Konzerngeschäftsjahr einen Konzernabschluss und einen Konzernlagebericht aufzustellen, wenn diese auf ein anderes Unternehmen (Tochterunternehmen) unmittel- oder mittelbar einen beherrschenden Einfluss ausüben kann. Ist das Mutterunternehmen eine Kapitalgesellschaft im Sinn des § 325

Altregelung	Neuregelung
Konzernabschluß und einen Konzernlagebericht aufzustellen. Ist das Mutterunternehmen eine Kapitalgesellschaft im Sinn des § 325 Abs. 4 Satz 1 und nicht zugleich im Sinn des § 327a, sind der Konzernabschluss sowie der Konzernlagebericht in den ersten vier Monaten des Konzerngeschäftsjahrs für das vergangene Konzerngeschäftsjahr aufzustellen.	Abs. 4 Satz 1, sind der Konzernabschluss sowie der Konzernlagebericht in den ersten vier Monaten des Konzerngeschäftsjahrs für das vergangene Konzerngeschäftsjahr aufzustellen.
§ 293 HGB – Größenabhängige Befreiungen	**§ 293 HGB – Größenabhängige Befreiungen**
(1) Ein Mutterunternehmen ist von der Pflicht, einen Konzernabschluß und einen Konzernlagebericht aufzustellen, befreit, wenn	(1) Ein Mutterunternehmen ist von der Pflicht, einen Konzernabschluß und einen Konzernlagebericht aufzustellen, befreit, wenn
1. am Abschlußstichtag seines Jahresabschlusses und am vorhergehenden Abschlußstichtag mindestens zwei der drei nachstehenden Merkmale zutreffen:	1. am Abschlußstichtag seines Jahresabschlusses und am vorhergehenden Abschlußstichtag mindestens zwei der drei nachstehenden Merkmale zutreffen:
a) Die Bilanzsummen in den Bilanzen des Mutterunternehmens und der Tochterunternehmen, die in den Konzernabschluß einzubeziehen wären, übersteigen insgesamt nach Abzug von in den Bilanzen auf der Aktivseite ausgewiesenen	a) Die Bilanzsummen in den Bilanzen des Mutterunternehmens und der Tochterunternehmen, die in den Konzernabschluß einzubeziehen wären, übersteigen insgesamt nach Abzug von in den Bilanzen auf der Aktivseite ausgewiesenen

Altregelung	Neuregelung
Fehlbeträgen nicht 19 272 000 Euro.	Fehlbeträgen nicht 23 100 000 Euro.
b) Die Umsatzerlöse des Mutterunternehmens und der Tochterunternehmen, die in den Konzernabschluß einzubeziehen wären, übersteigen in den zwölf Monaten vor dem Abschlußstichtag insgesamt nicht 38 544 000 Euro.	b) Die Umsatzerlöse des Mutterunternehmens und der Tochterunternehmen, die in den Konzernabschluß einzubeziehen wären, übersteigen in den zwölf Monaten vor dem Abschlußstichtag insgesamt nicht 46 200 000 Euro.
c) Das Mutterunternehmen und die Tochterunternehmen, die in den Konzernabschluß einzubeziehen wären, haben in den zwölf Monaten vor dem Abschlußstichtag im Jahresdurchschnitt nicht mehr als 250 Arbeitnehmer beschäftigt;	c) Das Mutterunternehmen und die Tochterunternehmen, die in den Konzernabschluß einzubeziehen wären, haben in den zwölf Monaten vor dem Abschlußstichtag im Jahresdurchschnitt nicht mehr als 250 Arbeitnehmer beschäftigt;
oder	oder
2. am Abschlußstichtag eines von ihm aufzustellenden Konzernabschlusses und am vorhergehenden Abschlußstichtag mindestens zwei der drei nachstehenden Merkmale zutreffen:	2. am Abschlußstichtag eines von ihm aufzustellenden Konzernabschlusses und am vorhergehenden Abschlußstichtag mindestens zwei der drei nachstehenden Merkmale zutreffen:
a) Die Bilanzsumme übersteigt nach Abzug eines auf der Aktivseite ausgewiesenen Fehlbetrags nicht 16 060 000 Euro.	a) Die Bilanzsumme übersteigt nach Abzug eines auf der Aktivseite ausgewiesenen Fehlbetrags nicht 19 250 000 Euro.
b) Die Umsatzerlöse in den zwölf Monaten vor dem Abschlußstich-	b) Die Umsatzerlöse in den zwölf Monaten vor dem Abschlußstich-

Altregelung	Neuregelung
tag übersteigen nicht 32 120 000 Euro.	tag übersteigen nicht 38 500 000 Euro.
c) Das Mutterunternehmen und die in den Konzernabschluß einbezogenen Tochterunternehmen haben in den zwölf Monaten vor dem Abschlußstichtag im Jahresdurchschnitt nicht mehr als 250 Arbeitnehmer beschäftigt.	c) Das Mutterunternehmen und die in den Konzernabschluß einbezogenen Tochterunternehmen haben in den zwölf Monaten vor dem Abschlußstichtag im Jahresdurchschnitt nicht mehr als 250 Arbeitnehmer beschäftigt.
Auf die Ermittlung der durchschnittlichen Zahl der Arbeitnehmer ist § 267 Abs. 5 anzuwenden.	Auf die Ermittlung der durchschnittlichen Zahl der Arbeitnehmer ist § 267 Abs. 5 anzuwenden.
Vollkonsolidierung	
§ 301 HGB – Kapitalkonsolidierung	**§ 301 HGB – Kapitalkonsolidierung**
(1) Der Wertansatz der dem Mutterunternehmen gehörenden Anteile an einem in den Konzernabschluß einbezogenen Tochterunternehmen wird mit dem auf diese Anteile entfallenden Betrag des Eigenkapitals des Tochterunternehmens verrechnet. Das Eigenkapital ist anzusetzen	(1) Der Wertansatz der dem Mutterunternehmen gehörenden Anteile an einem in den Konzernabschluß einbezogenen Tochterunternehmen wird mit dem auf diese Anteile entfallenden Betrag des Eigenkapitals des Tochterunternehmens verrechnet. Das Eigenkapital ist
1. entweder mit dem Betrag, der dem Buchwert der in den Konzernabschluß aufzunehmenden Vermögensgegenstände, Schulden, Rechnungsabgrenzungsposten,	

Altregelung	Neuregelung
Bilanzierungshilfen und Sonderposten, gegebenenfalls nach Anpassung der Wertansätze nach § 308 Abs. 2, entspricht, oder	
2. mit dem Betrag, der dem Wert der in den Konzernabschluß aufzunehmenden Vermögensgegenstände, Schulden, Rechnungsabgrenzungsposten, Bilanzierungshilfen und Sonderposten entspricht, der diesen an dem für die Verrechnung nach Absatz 2 gewählten Zeitpunkt beizulegen ist.	mit dem Betrag anzusetzen, der dem Zeitwert der in den Konzernabschluss aufzunehmenden Vermögensgegenstände, Schulden, Rechnungsabgrenzungsposten und Sonderposten entspricht, der diesen an dem für die Verrechnung nach Absatz 2 maßgeblichen Zeitpunkt beizulegen ist.
Bei Ansatz mit dem Buchwert nach Satz 2 Nr. 1 ist ein sich ergebender Unterschiedsbetrag den Wertansätzen von in der Konzernbilanz anzusetzenden Vermögensgegenständen und Schulden des jeweiligen Tochterunternehmens insoweit zuzuschreiben oder mit diesen zu verrechnen, als deren Wert höher oder niedriger ist als der bisherige Wertansatz. Die angewandte Methode ist im Konzernanhang anzugeben.	Rückstellungen sind nach § 253 Abs. 1 Satz 2 und 3, Abs. 2 und latente Steuern nach § 274 Abs. 2 zu bewerten.
(2) Die Verrechnung nach Absatz 1 wird auf der Grundlage der Wertansätze zum Zeitpunkt des Erwerbs der Anteile oder	(2) Die Verrechnung nach Absatz 1 ist auf Grundlage der Wertansätze zu dem Zeitpunkt durchzuführen, zu dem das

Altregelung	Neuregelung
der erstmaligen Einbeziehung des Tochterunternehmens in den Konzernabschluß oder, beim Erwerb der Anteile zu verschiedenen Zeitpunkten, zu dem Zeitpunkt, zu dem das Unternehmen Tochterunternehmen geworden ist, durchgeführt. Der gewählte Zeitpunkt ist im Konzernanhang anzugeben.	Unternehmen Tochterunternehmen geworden ist. Können die Wertansätze zu diesem Zeitpunkt nicht endgültig ermittelt werden, sind sie innerhalb der darauf folgenden zwölf Monate anzupassen. Ist ein Mutterunternehmen erstmalig zur Aufstellung eines Konzernabschlusses verpflichtet, sind die Wertansätze zum Zeitpunkt der Einbeziehung des Tochterunternehmens in den Konzernabschluss zugrunde zu legen, soweit das Unternehmen nicht in dem Jahr Tochterunternehmen geworden ist, für das der Konzernabschluss aufgestellt wird. Das Gleiche gilt für die erstmalige Einbeziehung eines Tochterunternehmens, auf die bisher gemäß § 296 verzichtet wurde.
(3) Ein bei der Verrechnung nach Absatz 1 Satz 2 Nr. 2 entstehender oder ein nach Zuschreibung oder Verrechnung nach Absatz 1 Satz 3 verbleibender Unterschiedsbetrag ist in der Konzernbilanz, wenn er auf der Aktivseite entsteht, als Geschäfts- oder Firmenwert und, wenn er auf der Passivseite entsteht, als Unter-	(3) Ein nach der Verrechnung verbleibender Unterschiedsbetrag ist in der Konzernbilanz, wenn er auf der Aktivseite entsteht, als Geschäfts- oder Firmenwert und, wenn er auf der Passivseite entsteht, unter dem Posten "Unterschiedsbetrag aus der Kapitalkonsolidierung" nach dem Eigenkapital auszuweisen.

Altregelung	Neuregelung
schiedsbetrag aus der Kapitalkonsolidierung auszuweisen. Der Posten und wesentliche Änderungen gegenüber dem Vorjahr sind im Anhang zu erläutern. Werden Unterschiedsbeträge der Aktivseite mit solchen der Passivseite verrechnet, so sind die verrechneten Beträge im Anhang anzugeben.	Der Posten und wesentliche Änderungen gegenüber dem Vorjahr sind im Anhang zu erläutern.
(4) Absatz 1 ist nicht auf Anteile an dem Mutterunternehmen anzuwenden, die dem Mutterunternehmen oder einem in den Konzernabschluß einbezogenen Tochterunternehmen gehören. Solche Anteile sind in der Konzernbilanz als eigene Anteile im Umlaufvermögen gesondert auszuweisen.	(4) Anteile an dem Mutterunternehmen, die einem in den Konzernabschluss einbezogenen Tochterunternehmen gehören, sind in der Konzernbilanz als eigene Anteile des Mutterunternehmens mit ihrem Nennwert oder, falls ein solcher nicht vorhanden ist, mit ihrem rechnerischen Wert, in der Vorspalte offen von dem Posten „Gezeichnetes Kapital" abzusetzen.
§ 306 Steuerabgrenzung	**§ 306 Latente Steuern**
Ist das im Konzernabschluß ausgewiesene Jahresergebnis auf Grund von Maßnahmen, die nach den Vorschriften dieses Titels durchgeführt worden sind, niedriger oder höher als die Summe der Einzelergebnisse der in den Konzernabschluß einbezogenen Unternehmen, so ist	Führen Maßnahmen, die nach den Vorschriften dieses Titels durchgeführt worden sind, zu Differenzen zwischen den handelsrechtlichen Wertansätzen der Vermögensgegenstände, Schulden oder Rechnungsabgrenzungsposten und deren steuerlichen Wertansätzen und

Altregelung	Neuregelung
der sich für das Geschäftsjahr und frühere Geschäftsjahre ergebende Steueraufwand, wenn er im Verhältnis zum Jahresergebnis zu hoch ist, durch Bildung eines Abgrenzungspostens auf der Aktivseite oder, wenn er im Verhältnis zum Jahresergebnis zu niedrig ist, durch Bildung einer Rückstellung nach § 249 Abs. 1 Satz 1 anzupassen, soweit sich der zu hohe oder der zu niedrige Steueraufwand in späteren Geschäftsjahren voraussichtlich ausgleicht. Der Posten ist in der Konzernbilanz oder im Konzernanhang gesondert anzugeben. Er darf mit den Posten nach § 274 zusammengefaßt werden.	bauen sich diese Differenzen in späteren Geschäftsjahren voraussichtlich wieder ab, so ist eine sich insgesamt ergebende Steuerbelastung als passive latente Steuern und eine sich insgesamt ergebende Steuerentlastung als aktive latente Steuern in der Konzernbilanz anzusetzen. Die sich ergebende Steuerbe- und die sich ergebende Steuerentlastung können auch unverrechnet angesetzt werden. Differenzen aus dem erstmaligen Ansatz eines nach § 301 Abs. 3 verbleibenden Unterschiedsbetrages bleiben unberücksichtigt. Das Gleiche gilt für Differenzen, die sich zwischen dem steuerlichen Wertansatz einer Beteiligung an einem Tochterunternehmen, assoziierten Unternehmen oder einem Gemeinschaftsunternehmen im Sinn des § 310 Abs. 1 und dem handelsrechtlichen Wertansatz des im Konzernabschluss angesetzten Nettovermögens ergeben. § 274 Abs. 2 ist entsprechend anzuwenden. Die Posten dürfen mit den Posten nach § 274 zusammengefasst werden.

Altregelung	Neuregelung
Bewertungsvorschriften	
	§ 308a Umrechnung von auf fremde Währung lautenden Abschlüssen Die Aktiv- und Passivposten einer auf fremde Währung lautenden Bilanz sind, mit Ausnahme des Eigenkapitals, das zum historischen Kurs in Euro umzurechnen ist, zum Devisenkassamittelkurs am Abschlussstichtag in Euro umzurechnen. Die Posten der Gewinn- und Verlustrechnung sind zum Durchschnittskurs in Euro umzurechnen. Eine sich ergebende Umrechnungsdifferenz ist innerhalb des Konzerneigenkapitals nach den Rücklagen unter dem Posten „Eigenkapitaldifferenz aus Währungsumrechnung" auszuweisen. Bei teilweisem oder vollständigem Ausscheiden des Tochterunternehmens ist der Posten in entsprechender Höhe erfolgswirksam aufzulösen.
Prüfung	
§ 317 HGB – Gegenstand und Umfang der Prüfung (3) Der Abschlußprüfer des Konzernabschlusses hat auch die im	**§ 317 HGB – Gegenstand und Umfang der Prüfung** (3) Der Abschlußprüfer des Konzernabschlusses hat auch die im

Altregelung	Neuregelung
Konzernabschluß zusammengefaßten Jahresabschlüsse, insbesondere die konsolidierungsbedingten Anpassungen, in entsprechender Anwendung des Absatzes 1 zu prüfen. Dies gilt nicht für Jahresabschlüsse, die aufgrund gesetzlicher Vorschriften nach diesem Unterabschnitt oder die ohne gesetzliche Verpflichtungen nach den Grundsätzen dieses Unterabschnitts geprüft worden sind. Satz 2 ist entsprechend auf die Jahresabschlüsse von in den Konzernabschluß einbezogenen Tochterunternehmen mit Sitz im Ausland anzuwenden; sind diese Jahresabschlüsse nicht von einem in Übereinstimmung mit den Vorschriften der Richtlinie 84/253/EWG zugelassenen Abschlußprüfer geprüft worden, so gilt dies jedoch nur, wenn der Abschlußprüfer eine den Anforderungen dieser Richtlinie gleichwertige Befähigung hat und der Jahresabschluß in einer den Anforderungen dieses Unterabschnitts entsprechenden Weise geprüft worden ist.	Konzernabschluß zusammengefaßten Jahresabschlüsse, insbesondere die konsolidierungsbedingten Anpassungen, in entsprechender Anwendung des Absatzes 1 zu prüfen. Sind diese Jahresabschlüsse von einem anderen Abschlussprüfer geprüft worden, hat der Konzernabschlussprüfer dessen Arbeit zu überprüfen und dies zu dokumentieren.
	(5) Bei der Durchführung einer Prüfung hat der Abschlussprü-

Altregelung	Neuregelung
	fer die internationalen Prüfungsstandards anzuwenden, die von der Europäischen Kommission in dem Verfahren nach Artikel 26 Abs. 1 der Richtlinie 2006/43/EG des Europäischen Parlaments und des Rates vom 17. Mai 2006 über Abschlussprüfungen von Jahresabschlüssen und konsolidierten Abschlüssen, zur Änderung der Richtlinien 78/660/ EWG und 83/349/EWG des Rates und zur Aufhebung der Richtlinie 84/253/EWG des Rates (ABl. EU Nr. L 157 S. 87) angenommen worden sind. (6) Das Bundesministerium der Justiz wird ermächtigt, im Einvernehmen mit dem Bundesministerium für Wirtschaft und Technologie durch Rechtsverordnung, die nicht der Zustimmung des Bundesrates bedarf, zusätzlich zu den bei der Durchführung der Abschlussprüfung nach Absatz 5 anzuwendenden internationalen Prüfungsstandards weitere Abschlussprüfungsanforderungen oder die Nichtanwendung von Teilen der internationalen Prüfungsstandards vorzuschrei-

Altregelung	Neuregelung
	ben, wenn dies durch den Umfang der Abschlussprüfung bedingt ist und den in den Absätzen 1 bis 4 genannten Prüfungszielen dient.
§ 318 HGB – Bestellung und Abberufung des Abschlußprüfers	**§ 318 HGB – Bestellung und Abberufung des Abschlußprüfers**
	(8) Die Wirtschaftsprüferkammer ist unverzüglich und schriftlich begründet durch den Abschlussprüfer und die gesetzlichen Vertreter der geprüften Gesellschaft von der Kündigung oder dem Widerruf des Prüfungsauftrages zu unterrichten.
§ 319a HGB – Besondere Ausschlussgründe bei Unternehmen von öffentlichem Interesse	**§ 319a HGB – Besondere Ausschlussgründe bei Unternehmen von öffentlichem Interesse**
(1) Ein Wirtschaftsprüfer ist über die in § 319 Abs. 2 und 3 genannten Gründe hinaus auch dann von der Abschlussprüfung eines Unternehmens, das einen organisierten Markt im Sinne des § 2 Abs. 5 des Wertpapierhandelsgesetzes in Anspruch nimmt, ausgeschlossen, wenn er	(1) Ein Wirtschaftsprüfer ist über die in § 319 Abs. 2 und 3 genannten Gründe hinaus auch dann von der Abschlussprüfung eines Unternehmens, das kapitalmarktorientiert im Sinn des § 264d ist, ausgeschlossen, wenn er
4. einen Bestätigungsvermerk nach § 322 über die Prüfung	4. für die Abschlussprüfung bei dem Unternehmen bereits in

Altregelung	Neuregelung
des Jahresabschlusses des Unternehmens bereits in sieben oder mehr Fällen gezeichnet hat; dies gilt nicht, wenn seit seiner letzten Beteiligung an der Prüfung des Jahresabschlusses drei oder mehr Jahre vergangen sind.	sieben oder mehr Fällen verantwortlich war; dies gilt nicht, wenn seit seiner letzten Beteiligung an der Prüfung des Jahresabschlusses zwei oder mehr Jahre vergangen sind.
§ 319 Abs. 3 Satz 1 Nr. 3 letzter Teilsatz, Satz 2 und Abs. 4 gilt für die in Satz 1 genannten Ausschlussgründe entsprechend. Satz 1 Nr. 1 bis 3 gilt auch, wenn Personen, mit denen der Wirtschaftsprüfer seinen Beruf gemeinsam ausübt, die dort genannten Ausschlussgründe erfüllen. Satz 1 Nr. 4 findet auf eine Wirtschaftsprüfungsgesellschaft mit der Maßgabe Anwendung, dass sie nicht Abschlussprüfer sein darf, wenn sie bei der Abschlussprüfung des Unternehmens einen Wirtschaftsprüfer beschäftigt, der nach Satz 1 Nr. 4 nicht Abschlussprüfer sein darf.	§ 319 Abs. 3 Satz 1 Nr. 3 letzter Teilsatz, Satz 2 und Abs. 4 gilt für die in Satz 1 genannten Ausschlussgründe entsprechend. Satz 1 Nr. 1 bis 3 gilt auch, wenn Personen, mit denen der Wirtschaftsprüfer seinen Beruf gemeinsam ausübt, die dort genannten Ausschlussgründe erfüllen. Satz 1 Nr. 4 findet auf eine Wirtschaftsprüfungsgesellschaft mit der Maßgabe Anwendung, dass sie nicht Abschlussprüfer sein darf, wenn sie bei der Abschlussprüfung des Unternehmens einen Wirtschaftsprüfer beschäftigt, der als verantwortlicher Prüfungspartner nach Satz 1 Nr. 4 nicht Abschlussprüfer sein darf. Verantwortlicher Prüfungspartner ist, wer den Bestätigungsvermerk nach § 322 unterzeichnet oder als Wirtschaftsprüfer von einer Wirtschafts-

Altregelung	Neuregelung
	prüfungsgesellschaft als für die Durchführung einer Abschlussprüfung vorrangig verantwortlich bestimmt worden ist. **§ 319b Netzwerk** (1) Ein Abschlussprüfer ist von der Abschlussprüfung ausgeschlossen, wenn ein Mitglied seines Netzwerks einen Ausschlussgrund nach § 319 Abs. 2, 3 Satz 1 Nr. 1, 2 oder Nr. 4, Abs. 3 Satz 2 oder Abs. 4 erfüllt, es sei denn, dass das Netzwerkmitglied auf das Ergebnis der Abschlussprüfung keinen Einfluss nehmen kann. Er ist ausgeschlossen, wenn ein Mitglied seines Netzwerks einen Ausschlussgrund nach § 319 Abs. 3 Satz 1 Nr. 3 oder § 319a Abs. 1 Satz 1 Nr. 2 oder 3 erfüllt. Ein Netzwerk liegt vor, wenn Personen bei ihrer Berufsausübung zur Verfolgung gemeinsamer wirtschaftlicher Interessen für eine gewisse Dauer zusammenwirken. (2) Absatz 1 ist auf den Abschlussprüfer des Konzernabschlusses entsprechend anzuwenden.

Altregelung	Neuregelung
§ 320 HGB – Vorlagepflicht. Auskunftsrecht	**§ 320 HGB – Vorlagepflicht. Auskunftsrecht** (4) Der bisherige Abschlussprüfer hat dem neuen Abschlussprüfer auf schriftliche Anfrage über das Ergebnis der bisherigen Prüfung zu berichten; § 321 ist entsprechend anzuwenden.

Stichwortverzeichnis

Bibliografische Information der Deutschen Nationalbibliothek
Die Deutsche Nationalbibliothek verzeichnet diese Publikation in der Deutschen Nationalbibliografie; detaillierte bibliografische Daten sind im Internet über http://dnb.d-nb.de abrufbar.

ISBN 978-3-648-01518-6
Bestell-Nr. 00189-0002

2., aktualisierte Auflage 2011

Redaktionsanschrift: Fraunhoferstraße 5, 82152 Planegg/München
Telefon: (089) 895 17-0
Telefax: (089) 895 17-290
www.haufe.de
online@haufe.de
Redaktion: Dipl.-Kfm. Kathrin Menzel-Salpietro
Redaktionsassistenz: Christine Rüber

Umschlaggestaltung: Kienle gestaltet, 70178 Stuttgart
Umschlagentwurf: Agentur Buttgereit & Heidenreich, 45721 Haltern am See
Druck: freiburger graphische betriebe, 79108 Freiburg

Zur Herstellung der Bücher wird nur alterungsbeständiges Papier verwendet.

Die Autorin

Dr. Ingeborg Haas

ist Rechtsanwältin und Fachanwältin für Steuerrecht. Sie berät und vertritt Unternehmen und Privatpersonen auf dem Gebiet der Steuergestaltung. Zusätzlich ist sie Fachautorin und hält bundesweit Seminare und Vorträge.

Weitere Literatur

„BilMoG und Controlling" von ICV-Facharbeitskreis „Controlling und IFRS"(Hrsg.), 266 Seiten, € 49,80.
ISBN 978-3-448-09779-5, Bestell-Nr. 01456

„Handbuch BilMog", von Dr. Harald Kessler, Dr. Markus Leinen, Dr. Michael Strickmann (Hrsg.), 926 Seiten, € 68,00.
ISBN 978-3-648-00257-5, Bestell-Nr. 01100

„Buchführung und Bilanz nach HGB", von Iris Thomsen (Hrsg.), 456 Seiten, mit CD-ROM, € 48,00.
ISBN 978-3-448-09358-2, Bestell-Nr. 01193

Haufe TaschenGuides

Kompakte Informationen zum kleinen Preis

Der Betrieb in Zahlen

- ABC des Finanz- und Rechnungswesens
- 400 Mini-Jobs
- Balanced Scorecard
- Betriebswirtschaftliche Formeln
- Bilanzen
- BilMoG
- Buchführung
- Businessplan
- BWL Grundwissen
- BWL kompakt
- Controllinginstrumente
- Deckungsbeitragsrechnung
- Einnahmen-Überschussrechnung
- Finanz- und Liquiditätsplanung
- Formelsammlung Betriebswirtschaft
- Formelsammlung Wirtschaftsmathematik
- Die GmbH
- IFRS
- Kaufmännisches Rechnen
- Kennzahlen
- Kontieren und buchen
- Kostenrechnung
- Statistik
- VWL Grundwissen

Mitarbeiter führen

- Besprechungen
- Checkbuch für Führungskräfte
- Führungstechniken
- Die häufigsten Managementfehler
- Management
- Managementbegriffe
- Mitarbeitergespräche
- Moderation
- Motivation
- Projektmanagement
- Qualitätsmanagement
- Spiele für Workshops und Seminare
- Teams führen
- Workshops
- Zielvereinbarungen und Jahresgespräche

Karriere

- Assessment Center
- Existenzgründung
- Gründungszuschuss
- Jobsuche und Bewerbung
- Vorstellungsgespräche

Geld und Specials

- Sichere Altersvorsorge
- Energie sparen im Haushalt
- Energieausweis
- Geldanlage von A–Z
- Immobilien erwerben
- Immobilienfinanzierung
- Meine Ansprüche als Rentner
- Die neue Rechtschreibung
- Eher in Rente
- Web 2.0
- Zitate für Beruf und Karriere
- Zitate für besondere Anlässe

Persönliche Fähigkeiten

- Allgemeinwissen Schnelltest
- Ihre Ausstrahlung
- Burnout
- Business-Knigge
- Mit Druck richtig umgehen